거리에 핀 정의

거리에 핀 정의

권영국 지음

북콤마

그의 미래는 그의 도전이다

김지형 법무법인 지평 대표변호사(전 대법관)

그와의 인연은 사법연수원에서 처음 시작되었습니다. 그의 이름은 '권영국'입니다. 이 책 본문에 '사법연수원 31기 6반 B조'가 등장합니다. 그는 2000년 41회 사법시험에 합격하고 31기로 사법연수원에 입소했습니다. 그때 저는 사법연수원 부임 3년차 6반 B조 지도교수였고, 그는 B조 조장인 사법연수생이었습니다. 우리는 그렇게 만났습니다.

이 책은 그가 지금까지 살아온 역정을 고스란히 싣고 있습니다. 크게 축하할 일입니다. 하지만 그의 삶을 이 짧은 분량의 책으로 다 채울 수는 없습니다. 더 담아내야 할 것이 많이 남아 있습니다. 그럼에도 저는 이 책을 읽으면서 그의 삶의 많은 것을 새로 알게 되었습니다. 저는 그가 법률가가 되려는 첫 길목에서 처음 만났고, 그가 법률가가 된 이후에는 우리가 사는 세상이 조금이라도 더 나아지게 하려고 애쓰는 소식을 먼발치에서 전해 듣곤 했습니다. 그런 탓에 그동안 모르고 있었던 그의 삶의 궤적은 또 하나의 울림이었습니다. 물론 2016년의 구의역사고 진상규명위원회와 2019년의 고 김용균 사망사고 특조위에서처럼 아주 가끔은 함께 자리할 기회도 없지는 않았습니다. 그때마다 그는 법률가이자 사회운동가로서 제 몫을 성심껏 다했습니다.

'거리에 핀 정의'라는 이 책의 제목은 그의 지향점을 한 문장으로 잘 압축하고 있습니다. 전에 이미 온몸으로 매달렸고, 지금 온 마음으로 집중하고 있으며, 앞으로도 온 힘으로 이어나갈 심지心志이고 굴기崛起일 것입니다. 많은 이들이 이런 그의 열렬한 팬입니다. 그의 팬들은 권영국이라는 이름만이 아니라, 그가 이루어내려는 가치, 그리고 끝내 이루고 말리라는 그의 의지를 사랑합니다. 그는 이들의 사랑을 소중하게 품어야 합니다. 더욱 바라기는 이들의 사랑 그 이상까지도 품어주었으면 합니다. 두말할 나위 없이 그사이 그가 이루어낸 변화는 값진 것이었습니다. 그리고 그러한 성취는 그의 전유물이 아니라 세상 모두의 것이 되었습니다.

그가 정치인이 되려 합니다. 정치는 새로운 도전입니다. 정치인은 지지자와 반대자 모두를 아울러야 하는 고난도의 과제를 풀어내야 하는 사람입니다. 그가 정치인의 길을 나서게 된 것은 이미 이루어낸 꿈보다 아직 이루어내지 못한 꿈이 더 많아서일 것입니다. 그래서 쉽지 않은 길인 것도 사실입니다. 하지만 넬슨 만

델라는 "어떤 일이든 그것을 이루기 전까지는 불가능한 것처럼 보인다"고 말하지 않았던가요? '성공'의 반대말은 '실패'가 아니라 '포기'라고 하지 않나요? 불가능한 일이라고 여겨 지레 포기하지 않는다면 그가 아직 못 다한 꿈이라도 언젠가는 이루어지리라 저는 믿습니다.

이제, 그의 미래는 그의 도전입니다.
그의 성공을 빕니다.

세상을 보는 따뜻한 눈과 정직으로

이우성(농부, 충북 괴산)

나는 충북 괴산에서 유기농으로 농사짓는 농부입니다. 18년 전에 서울 사대문 안에 있던 직장을 때려치우고 시골로 내려와 진작 내려오지 못한 걸 후회하면서, 지구 한 귀퉁이를 살리고 있다는 자부심으로 힘든 농사 노역을 감당하고 있지요.

권영국 변호사와 나는 문경 고향 초등학교 친구입니다. 불알 친구이지요. 공 차고 구슬 치고 함께 산을 오르면서 추억을 나눈 그와는 가슴속에 들어갔다 나온 사이처럼 얘기하지 않아도 서로 마음을 잘 알지요. 시골로 농사지으러 내려오기 전 권영국 친구와 약속한 것이 생각나는군요.

"나는 시골로 들어가 흙 속에 생명의 씨앗을 심을 테니 자네는 사람들이 조금이라도 행복하게 살도록 아스팔트 씨앗을 심는 거리의 농부가 되어주게나."

약속을 중히 여기는 우리들이라 여즉 나는 시골에서 돈 안 되는 농사 노역을 감내하면서 농사짓고, 권변도 도시에서 아스팔트 농부 씨앗을 잘 뿌리고 다닌다는 걸 나는 잘 압니다. 도시에 살 때 편안히 지낸 것은 농부들 아픔 때문이라는 걸 알게 된 것은 금방이었습니다. 이분들이 조금이라도 행복하게 사는 시간이 있으면 좋겠다는 심정으로 농사짓고 있습니다. 권변도 때로는 싸우면서, 때로는 목청 높이 세우며 한톨 한톨 씨앗을 심는 심정으로 힘들고 어려운 사람 한 뼘 곁에 서 있으려 노력했지요. 도시 농부 길을 걷던 그가 이제 다시 캄캄한 바다 어둠을 헤치는 배들에게 길잡이 역할을 하는 등대가 되려고 합니다. 북극성이 되려고 그 어려운 길을 나섭니다.

안으로 불을 품고 사는 사람. 친구 권영국 변호사를 생각하면 떠오르는 느낌입니다. 광부인 그의 아버지가 깜깜한 막장에서 한 삽씩 캐어 올린 석탄이 세상 어둠과 차가움을 밝혔듯, 그의 목소리와 열정과 세상을 향한 노력은 아버지가 물려준 '불' 덕분입니다. 그가 다시 세상으로 나가 디오게네스의 등불을 켜려는 것은 막장 같은 아버지의 갱도에 세상 사람들이 서 있기 때문입니다. 무릇 정치란 "가까이 있는 사람은 기쁘게 해주고 멀리 있는 사람은 오게 하는 것"이라는 공자 말씀처럼 세상을 보는 따뜻한 눈과 정직이라는 덕목을 온몸으로 간직한 그가 세상의 어둠을 그냥 지나칠 수 없기 때문입니다. 아버지가 물려준 유전자를 그도 어찌

9

할 수 없기 때문입니다.

운명을 바꾸는 것이 혁명이라고 말하는 그의 천명은 솔선수범에서 나옵니다. 항상 어려운 사람 곁을 지키는 그의 가슴엔 합리적 이성과 사람에 대한 애정이 가득 쌓여 있습니다. 세상을 애정으로 바라보는 그의 눈길은 칠흑 같은 어둠에서 캐내 빛을 쏘아 올리는 광부 아버지의 손길과 닮았습니다. 차별과 불평등이 있는 곳에 그가 늘 서 있는 것은 그의 불같은 소명 때문입니다. 그야말로 낡은 정치 문화를 바꿀 꿋꿋한 바람이고, 북극성이며, 정의의 황홀한 등대입니다.

"정치는 정직함이니 자신이 바르면 누가 감히 바르지 않겠는가." 어느샌가 뒤편에 물려놓았지만 잊지 않아야 할 그것, 다시 끄집어내 정치의 길로 들어선 그의 첫 발걸음에 정의로움을 내놓는 이유, 그건 아버지가 그에게 건네준 것이 불이기 때문입니다. 정의라는 불이기 때문입니다.

권영국이 되돌아보다

1963년 1월 28일(음) | 태백시 장성읍 자미원 출생

1975년 2월 | 점촌중앙초등학교 졸업

1978년 2월 | 문경중학교 졸업

1981년 2월 | 포항제철공업고등학교 졸업

1985년 2월 | 서울대학교 공과대학 금속공학과 졸업

1985년 1월 | 풍산금속공업(주)[현 ㈜풍산] 기술직 공채에 합격해
　　　　　　　온산공장으로 발령 난다

1987년 10월 | 노조위원장 불신임을 추진하다 풍산금속 안강공장으로
　　　　　　　강제 전보 발령이 난다

1988년 8월 | 안강공장 폭발 사망사고와 관련한 유인물을 읍내에 붙였다는
　　　　　　　이유로 1차 해고된다

1988년 11월 | 조합원들과 함께 서울 본사로 상경 9일간 점거 농성 투쟁을
　　　　　　　벌여 안강공장에 복직한다

1989년 1월 | 안강공장 파업 지도부의 일원으로 구속되고(징역 1년 6개월
　　　　　　　복역), 2차 해고된다

1991년 2월 | 풍산금속 동래공장 파업의 배후 조종으로 몰려 2차
　　　　　　　구속된다(징역 2년 복역)

1993년 2월 | 만기 출소 후 전해투(전국구속수배해고원상회복투쟁위원회)
　　　　　　　에 참여하고 선전국장으로 활동한다

1995년 11월 | 포항에서 서울로 이사한 후 이듬해부터 사법시험 공부를
　　　　　　　시작한다

1999년 11월 | 제41회 사법시험에 합격한다

2002년 2월 | 민주노총 법률원 설립에 참여하고 초대 법률원장을 맡아
4년가량 활동한다

2006년 2월 | 해우법률사무소를 세워 대표변호사로 맡는다

2008년 5월 | 민주사회를 위한 변호사모임 노동위원장에 추대돼 6년에
걸쳐 활동한다

2008년 6월 | 국가인권위원회 사회권전문위원에 임명되어 3년간 활동한다

2009년 1월 | 용산철거민 사망사건 진상조사단 조사팀장을 맡고, 구속
철거민 공동변호인으로 활동한다

2009년 6월 | 쌍용자동차 희생자 추모 및 해고자 복직 범국민대책위원회
공동집행위원장을 맡는다

2009년 6월 | 화물연대 대전집회 구속 노동자 변호를 맡아 열변을 토하다

2011년 | 론스타게이트 책임자처벌 및 외환은행 불법매각 중단을 위한
공동대책위원회 법률단장으로 활동한다

2011년 8월 | 교사·공무원 정당 가입 사건 공동변호인으로 참여한다

2013년 2월 | 신세계이마트 불법사찰 및 불법파견 공동대책위원회
위원으로 참여한다

2013년 7월 | 삼성전자서비스 불법고용 근절 및 근로기준법 준수를 위한
공동대책위원회 소집권자를 맡는다

2013년 10월 | 전교조 법외노조(노조설립반려) 사건 공동소송대리인으로
참여한다

2013년 12월 | 삼성전자서비스 고 최종범 열사 대책위원회 공동대표를
맡는다

2014년 2월 | 공정사회파괴·노동인권유린 삼성바로잡기운동본부
공동대표로 활동한다

2014년 5월 | 민변 세월호 참사 진상규명과 법률지원 특별위원회 위원장을 맡는다

2015년 3월 | 비정규직 확대 정책에 맞서 장그래살리기운동본부 상임공동본부장을 맡는다

2016년 6월 | 구의역 김군 유족을 대리하고 구의역 사망재해 시민대책위 진상조사단 단장을 맡는다

2016년 11월 | 박근혜정권퇴진 비상국민행동 법률팀장으로 활동한다

2017년 1월 | 국정농단 공범 삼성 이재용 부회장 구속 촉구 법률가 노숙농성을 주도한다

2017년 7월 | 경주에 해우법률사무소를 열고 대표변호사를 맡는다

2017년 9월 | 경북노동인권센터를 열고 센터장을 맡는다

2017년 12월 | 경상북도 장애인권익 옹호기관 학대판정위원

2018년 5월 | 경주다움 성폭력상담센터 운영위원장

2018년 9월 | 포스코 새노조(금속노조 포스코지회) 법률지원단을 조직하고 단장을 맡는다

2019월 4월 | 고 김용균 사망사고 진상규명과 재발방지를 위한 석탄화력발전소 특별노동안전조사위원회 간사로 임명되어 활동한다

2019년 10월 | 정의당에 입당하고 정의당 노동인권안전특별위원회 위원장에 임명된다

2019년 11월 | 사학건전성 강화와 경주대·서라벌대 정상화를 위한 공동대책위원회 공동위원장으로 활동한다

현재 경북 경주에 거주하고 있다

차례

3부 서울 시절, 민주사회를 위한 변호사모임: 2002~2017

4부   경주 시절: 2017 이후

5부   칼럼: 구의역 김군과 김용균의 죽음, 비정규직, 노동시간, 최저임금에 대하여

1부

|

태백, 문경, 포항 시절 : 1963~1984

1
태백의 검은 시냇물

나는 1963년 1월 28일(음)에 강원도 장성군(현 태백시) 장성읍 자미원이라는 작은 마을에서 태어났다. 탄광이 있는 산골 마을이었다. 중매로 만난 아버지와 어머니는 두 분 다 1929년생으로 비교적 부유한 9남매 집안에서 태어나 자라셨다고 한다. 아버지는 막내였고, 어머니는 둘째이자 맏딸이었다. 친가는 증조부 때까지 경북 영일군 동해면 석동에서 천석꾼 집안이었으나 조부 때 가산을 탕진했다고 한다. 아버지는 동네 배구 선수로 출전할 정도의 177센티미터 큰 키에 훈남이셨다. 나는 외탁을 한 셈이다. 어머니는 예천 분이셨는데, 외조부 댁도 토지가 꽤 많았고 그 덕분에 큰외삼촌은 일제강점기 시절 일본에 유학을 다녀오셨다고 들었다. 어린 나의 눈에도 큰외삼촌은 매우 유식해 보였다.

나는 5남매 중 장남으로 태어났고 위로 누님 두 분과 아래로

남동생이 둘 있다. 남매 중 큰누님을 많이 따랐는데 애석하게도 큰누님은 50대 후반에 위암으로 먼저 세상을 떠났다. 내가 서너 살쯤 됐을 무렵 아버지가 연탄공장을 하신다고 해 가족들이 울산으로 이사를 갔다. 그 뒤 쫄딱 망하고 다시 장성으로 돌아왔다.

장성으로 돌아온 아버지는 장성광업소에서 채탄부 감독으로 일하셨다. 중간 관리자이셨으니 집안 형편은 괜찮은 편이었다. 마당이 있는 초가집에서 살았고, 우리 집이었다. 오지나 마찬가지인 산골 마을이라 집에서 닭과 토끼도 길렀다. 닭요리를 하기 위해 마당 한쪽에서 닭 모가지를 비틀어 목을 따면 닭이 피를 흘리며 마당을 가로질러 달려가다 픽 쓰러졌다.

집 앞에는 하천이 흐르고 있었는데 탄광에서 내려오는 물로 인해 온통 시커먼 색이었다. 검은 시냇물은 비만 오면 엄청 불어나서 넘칠 것 같았다. 그곳에서 일곱 살에 자미원국민학교(현 초등학교)에 입학했는데 학교는 십 리 이상 걸어 다녀야 했다. 학교가는 길 중간쯤에 상여를 보관하는 집이 있었는데 인가도 없어서 그곳을 지날 때마다 무서운 생각이 들었다. 특히 으슬으슬 비 오는 날엔 귀신이 나올 것만 같았다.

집에 가서 점심을 먹고 오기는 너무 먼 거리라서 저학년인데도 평일에는 도시락을 싸갖고 다녔다. 잘사는 집 아이들과 도시락 반찬이 늘 비교되었다. 나는 멸치볶음과 꽁치조림, 잘해야 계란말이 등을 싸 갔는데 광업소장이나 공장장의 딸은 소고기 장조림과 햄 소시지를 가져와서 친구들이 부러워했다. 당시 선생님도

박봉이던 시절이라 점심시간에 젓가락을 들고 아이들 도시락 반찬을 맛보며 다니셨다. 학교를 오가는 길이 들과 논밭으로 이어져 하굣길에 배가 고프면 무밭에서 튼실해 보이는 무를 뽑아 시냇물에 씻어 먹기도 했다. 국민교육헌장을 외워야 했지만 배고프지 않아 즐거웠던 시절이었다.

2
수돗물로 허기를 달래던 어린 시절

1학년 1학기를 마치고 나는 문경 점촌읍에 있는 점촌중앙국민학교로 전학을 갔다. 장성광업소에서 감독이셨던 아버지가 친구들의 권유에 따라 문경 불정면에 있는 광업소로 직장을 옮기셨기 때문이다. 문경으로 나온 이후부터 아버지는 주로 개인 탄광을 전전하셨는데, 잦은 임금 체불과 이직으로 인해 집안 형편은 급격히 나빠졌고 우리 식구들은 배를 곯아야 할 때가 많았다.

도시락을 싸가는 것도 쉽지 않았다. 4학년 어느 날 점심시간 점심을 먹기 위해 친구들과 둘러 앉아 도시락 반찬 뚜껑을 열었는데 허옇게 간을 한 배추 조각들이 들어 있었다. 아마 어머니가 싸줄 반찬이 없자 궁여지책으로 배추무침이라고 넣어주신 것이었을 텐데 나는 친구들 앞에서 민망해 어쩔 줄 몰랐다. 얼굴이 화끈거렸다. 그때 옆에 앉아 있던 한 친구가 내 심정을 눈치챘는지 먼저 나의 배추 반찬을 집어 먹으며 다른 아이들에게 보란 듯이 "야, 이거 되게 맛있다"고 하는 게 아닌가. 내 마음을 알아채고 민망함을 덜어주려고 한 친구의 행동이 얼마나 고마웠는지 모른다. 그와는 지금도 죽마고우로 지내고 있다. 충북 괴산으로 귀농한 이우성이다.

5학년이 되어서는 그나마도 아예 도시락을 싸 가지 못하는 날이 많아졌다. 밀가루 수제비나 국수로 끼니를 때우는 날이 많았으니 그럴 수밖에. 점심시간이 오는 것이 두렵기조차 했다. 오전 수업이 끝나는 초인종이 울리는 즉시 나는 아이들이 눈치채지 못하도록 황급히 책상 위를 정리하고 교실 밖으로 나왔다. 마치 구내매점에 뭐가 사먹으러 가는 것처럼 가장했다. 당시에는 학교 선도부를 두어 학교 밖으로 못 나가게 했는데 나는 눈을 피해 운동장 구석에 놓인 학교 수돗가로 갔다. 배가 고파 수도꼭지를 틀어놓고 물을 마셨다. 하지만 수돗물은 아무리 마셔도 허기가 가시지 않았다.

그러던 어느 날이었다. 오전 수업이 끝나고 교실을 나서려 하는데 담임선생님이 나를 부르셨다. 아이들의 시선이 내게로 모아졌다. "영국아, 도시락 안 싸왔으면 내 도시락 먹어라"고 하시는 게 아닌가. 나는 들키지 말아야 할 뭔가를 들킨 것처럼 불에 덴 듯 얼굴이 빨갛게 달아오르는 것을 느꼈다. "아닙니다, 선생님. 저는 매점에 가서 사먹으면 돼요. 선생님 드세요"라고 답하고 교실을 벗어나려 했으나, 선생님은 "나는 하숙집에 가서 밥 먹고 올

테니 오늘은 네가 이 도시락 먹어주라"고 하곤 교실을 나가버리셨다. 선생님은 내 사정을 눈치채고 계셨던 것이다. 얼굴이 달아올라 눈앞이 노랗고 머릿속이 하얘지는 느낌이었지만 선생님의 말씀이라 거절할 수가 없어 교탁 구석 자리에 앉아 도시락과 반찬통을 열었다. 하얀 쌀밥에 무를 썰어 넣은 창란젓갈 무침이었다. 그 와중에도 밥은 입에서 살살 녹았다. 어떻게 교탁을 빠져나왔는지 모른다. 선생님의 무뚝뚝한 배려와 무 섞인 창란젓의 맛과 당혹감을 아직도 잊지 못한다. 그래서 나는 끼니때가 되면 같은 공간에 있는 사람들이 밥을 먹고 있는지 살피게 된다. 아무도 모르는 사이에 누군가는 어린 시절의 나처럼 밥을 굶고 있을지도 모르니까.

3
성적을 올린 비결

　어려서부터 공부를 잘한 건 아니었다. 당시 초등학교 한 학급의 인원이 50~60명 정도 됐는데 3학년 때까지 내 등수는 늘 30등 아래쪽이었다. 내가 공부를 잘하게 된 건 칭찬 때문이었다. 초등학교 4학년 무렵 '매일공부'라는 일일 학습지가 생겼다. 8절지 앞뒤로 문제가 실린 학습지를 집으로 배달해주고 풀어둔 학습지는 다시 가져가서 채점하고 틀린 문제에 대한 설명을 적어 다음날 돌려주는 방식이었는데, 학습지의 원조라고 할 수 있다. 학습지를 보는 아이들이 부러워 어머니에게 나도 매일공부 보게 해달라고 졸랐고, 형편이 좋지 않았는데도 아들의 '열심'에 어머니는 허락해주셨다. 나는 게으름을 피우지 않고 교과서를 찾아가며 열심히 문제를 풀었다. 시험지는 복습과 예습을 겸하게 만드는 효과가 있었다. 매일공부를 시작하고 4학년 기말고사를 치르게 됐는데 시험 채점이 끝난 날 담임선생님은 아이들 앞에서 시험 성적을 발표했다.

권영국 6등!

앞선 중간고사에서 28등이었던 내가 일약 6등으로 껑충 뛰어올랐다. 그때 담임이신 신상옥 선생님은 나를 교실 앞으로 불러내더니 업어주셨다. "영국이처럼만 공부하면 얼마든지 업어주겠다"고도 하셨다. 여선생님의 등은 엄마 등처럼 따뜻했다. 선생님의 칭찬이 그렇게 좋을 수가 없었다. 나는 그 후로 선생님을 실망시키고 싶지 않아 열심히 공부를 했고 금세 반에서 3등 안에 들게 됐다. 하지만 반년 가까이 학습지 대금을 지불하지 못해 수금하는 아저씨에게 사정하는 어머니를 지켜봐야만 했다.

초등학교를 졸업한 후 추첨에 따라 문경중학교에 진학하게 됐고, 중학교에서도 성적은 1등, 2등을 다툴 정도로 상위권을 유지했다. 취미 활동으로 독서반에 들었는데 학교 도서관에서 주로 위인전이나 탐험가 이야기를 많이 읽었다. 아문젠(남극 최초 탐험)과 뢴트겐(엑스레이 발견) 같은 배고픈 탐험가와 과학자를 존경하며 장래 희망으로 과학자의 꿈을 키웠다. 그러나 1970년대부터 탄광은 쇠락의 길을 걷고 있었다. 우리 가족의 생계는 좀체 나아지지 않았다.

4

걸인에게 밥상을 내어주신 어머니

가정 형편이 필 날 없던 초등학교 5학년 무렵이었다. 그 시절에는 집집마다 걸인들의 방문이 잦았다. 어느 날인가 걸인 어른과 아이가 꼬질꼬질한 모습으로 집 마당에 들어왔다. 보통은 먹다 남은 식은 밥을 깡통에 담아주거나 아무것도 없으니 그냥 가라고 내쫓는 경우가 다반사인데, 그날 어머니는 소반에 밥과 국, 반찬을 차려 걸인에게 내주셨다. 양지바른 담벼락에 기대 앉아 소반에 차린 밥을 먹는 아빠와 아이의 모습이 행복해 보였다. 먹고살기도 어려운 궁핍한 시절에 일면식도 없고 누구나 천하게 대하는 걸인을 정성스레 대접하는 어머니의 모습에서 따스함을 느꼈다. 그날의 장면이 이후 내가 불우한 사람들에 대한 연민을 갖게 된 계기가 되었는지도 모른다.

5
포철공고 수석 입학의 기쁜 소식

고등학교 원서를 써야 하는 시기가 되었다. 하루는 아버지가 나를 부르더니 포항에 있는 포항제철공업고등학교에 가는 게 어떠냐고 제안하셨다. 아버지는 포철공고를 졸업하면 당시 공기업인 포항제철에 병력특례자(특례보충역)로 취업해 근무할 수 있다는 사실을 매우 소상히 알고 오셨던 것이다. 당시 포철공고는 박정희 정권의 산업 기능공 양성 정책에 따라 제철소에 필요한 기능 인력을 정책적으로 양성하는 실업계 학교였다. 게다가 공립이라 학비가 저렴해서 가난하지만 성적이 좋은 시골 출신 학생들이 많이 진학했다. 나는 대구로 나가 인문계 고등학교를 다니고 싶었으나 가정 형편을 고려하면 아버지의 제안을 거부하기는 어려웠다. 가정 형편이 안 돼 상급 학교에 진학하지 못한 누님들을 보더라도 현실을 받아들여야 했다. 둘째 누나도 중학교를 졸업하고 경북 상주의 한 전자회사에 다니고 있었다. 지금 생각해도 그게 늘 미안하다. 그래도 둘째 누나는 주경야독으로 야간 고등학교를 졸업한 후 대구에 있는 간호학원을 다녀 간호조무사 자격증을 땄다. 그 후 지금까지 간호조무사로 병원 근무를 하고 있다. 그런 상황이다 보니 학교를 더 다닐 수 있다는 것만으로도 다행이라는 생각이 들었다.

하지만 중학교 담임선생님의 생각은 달랐다. 당연히 대구 인문계 고등학교를 갈 줄 알았던 내가 포철공고에 진학하겠다고 하니 다음과 같은 말씀을 해주셨다.

"인문계를 선택하느냐 실업계를 선택하느냐는 네 인생에서 매우 중요한 문제다. 그 선택에 따라 너의 진로가 많이 달라질 수 있다. 네 사정은 알겠지만 진로를 선택할 때는 자신의 적성에 무엇이 더 잘 맞는지 꼼꼼히 생각해보고 결정하는 게 좋겠다."

과학 담당이신 담임선생님의 진심 어린 말씀이 지금도 잊히지 않는다. 하지만 다른 선택을 할 수 없었던 나는 '사람은 자기 하기 나름이야. 자신이 어떻게 하냐에 달려 있는 거야. 혹시 모르는 것 아닌가. 공고에서 내가 좋아하는 화학 실험을 더 많이 할지도 모르잖아'라며 자신을 위로하고 마음을 달랬다. 그렇게 해서 포철공고 입학시험에 응시하게 되었다.

포항 사촌 형님 집에서 하룻밤을 자고 입학시험 합격자 발표를 보러 아버지와 함께 택시를 타고 포철공고로 가는 중이었다. 라디오 방송에서 올해 포철공고 수석 합격생이 문경중학교 출신이라는 보도 내용이 얼핏 귀를 스쳤다. 이름을 제대로 못 들었는데 문경중학교에서 함께 시험을 치른 예닐곱 명 중에 내 성적이 제일 좋았기에 혹시나 하는 기대에 마음이 들뜨기 시작했다. 포철공고 교무실에 들어섰는데, 정면 자리에 앉아 있던 교무과장님이 나를 위아래로 열심히 훑어보더니 "네가 문경중학교 권영국이냐? 야, 이 쪼그만 게 대단한데…. 축하한다. 너, 수석이야"라고 하시는 게 아닌가. 입학시험에서 수석이라니 믿기지가 않았다. 장학금도 받게 되었으니 이루 말할 수 없이 기뻤다. 아버지가 그렇게 기뻐하시는 모습은 태어나서 처음 봤다. 포항은 아버지의 고향이다. 아버지는 20대 시절까지만 해도 지역에서 잘나가는 사람이었으나 할아버지가 재산을 탕진하고 가세가 기울자 젊은 나이에 강원도 탄광을 찾아 객지로 떠난 것이었다. 그런 아버지가 아들의 고등학교 입학을 계기로 다시 고향을 찾게 되었다.

6
포항에서 보낸 고등학교 시절

1978년 포철공고에 입학했다. 당시 포철공고는 제철과, 기계과, 전기과, 금속과로 나뉘었는데, 1지망 제철과로 배정되었다. 학교 입학 후 1년간 친척집 세 곳을 돌며 신세를 지다가 1학년 겨울방학을 앞두고 문경중학교 출신 선배의 자취방에 들어가 살았다. 고등학교 시절은 학교와 자취방을 왕복하며 주말에 죽도성당 학생회 활동에 참여하는 것이 생활의 대부분이었다. 방학이 되어 사관생도 흉내를 낸 교복을 입고 문경 집을 다니러 가면 나를 기다리던 동생들이 엄청 자랑스러워했다. 나는 학교생활에 충실했다. 규율도 잘 지켰다.

고등학교 2학년 여름 어느 날, 3학년 학교 선배들이 점심시간을 이용해 학교 옥상으로 올라가 두발과 교복 단속에 항의하며 시위를 벌이는 일이 있었다. 그런데 나는 선배들의 서투른 시위를 멀리서 지켜보면서 '참, 할 일 없는 선배들'이라고 내심 비웃었다. 당시 유신 정권하에서 귀가 따갑도록 들은 말들이 있다. 데모하는 대학생들에게 쏟아지는 비난이었다.

"부모가 소 팔고 논 팔아서 대학 보냈더니 공부는 안 하고 맨날 데모질이야" 혹은 "공부하기 싫으니까 맨날 데모나 하고 다니지."

정말 공부하기 싫어서 대학생들이 데모나 하고 다니는 줄 알았다. 왜냐하면 그때까지만 해도 나는 학교생활에만 충실했지, 세상 돌아가는 물정을 전혀 몰랐기 때문이었다. 학교 방침을 잘 따르며 어떤 문제의식도 가져본 적이 없던 내게는 선배들의 행동이 일탈 행위로 비쳤다. 국정교과서로 발행되는 사회 교과서 내용대로, 나는 '박정희 대통령'을 새마을운동으로 농촌을 개혁해 보릿고개를 없애고 한강의 기적을 일으켜 경제 발전을 이룩한 위대한 지도자로 존경하며 믿어 의심치 않았던 소위 '범생'이었다. 태어나서부터 그때까지 내가 본 대통령은 박정희뿐이었기 때문에 대통령이란 한 사람이 죽을 때까지 계속하는 자리인 줄 알았다. 그러다 고등학교 2학년 때인 1979년 10월 26일 궁정동에서 부하의 총에 맞아 '박정희 대통령'이 사망했다는 소식을 접하고 부모를 잃은 듯 며칠간 슬픔에 싸여 지낼 정도였다.

나는 아버지의 권유로 공고에 들어가기는 했지만 1학년 때 구입한 빨간색 표지의 〈기초 영어〉 첫 페이지에 '나는 대학교에 갈

거야'라는 글귀를 적어둘 정도로 대학 진학을 염두에 두고 있었다. 삶의 가치나 인생에 대해 잘 알지도 못하는 나이에 서둘러 직업 전선에 뛰어든다는 게 내키지 않았다.

그런데 공고 수업이라는 게 주 44시간의 수업 시간 중 20시간 이상이 실습이었다. 국어, 영어, 수학 과목이 주 1시간 정도밖에 배정되어 있지 않았으니 진학 준비를 하기가 쉽지 않았다. 그래서 2학년 말부터는 별도로 진학 공부를 하기 시작했다. 2학년 겨울방학 때에는 학원에 나가 영어와 수학 특강을 들으며 뒤처진 공부를 보충했다. 3학년이 되면서부터는 아예 내 자리를 교실 맨 뒷자리로 옮겨 전공 수업 시간에 전공 교과서를 펴놓고 몰래 수험 공부를 해야 했다. 가끔 나의 이런 태도를 못마땅해 하며 빈정대는 선생님들이 계셨지만 친구들은 이해해주었다.

그러나 이런 상황에서 제대로 된 수험 공부를 하기는 어려웠다. 담임선생님에게 학생들이 자율적으로 참여하는 '방과 후 진학반'을 만들어줄 것을 건의했다. 한참 시간이 지나도 별다른 응답이 없었다. 친한 수학 선생님을 통해 진학반 건의 사항이 어떻게 진행되는지 알아봤더니 교무회의를 통해서는 기대가 난망하다는 것이었다. 3학년 2학기가 시작될 무렵 출근하던 교장 선생님을 찾아가 '방과 후 진학반'을 만들어줄 것을 건의했다. 교장 선생님은 기특한 생각이라며 흔쾌히 그리해주겠다고 약속했다. 그 일 때문에 나랑 기계과 친구는 교무실에 불려가 교무과장에게 혼쭐이 나야 했다. 교장 선생님이 교무과장에게 '방과 후 진학반'

현재 포항제철공업고등학교 정문 모습

설치를 지시하자 교무과장은 우리를 교무실로 불러 교무회의 절
차를 무시했다며 1시간가량이나 훈계를 퍼부어댔다. 나는 그때
담임선생님한테 몇 차례 건의했었다는 말을 하고 싶었지만 속으
로 삼켜버렸다. 어차피 진학반은 만들어질 테니까. 이 사건은 내
가 학생으로서 선생님의 지시나 가르침만을 받아오던 수동적 자
세에서 벗어나 뭔가를 제안해 현상을 바꾼 최초의 경험이었다.

그 덕분에 예비고사 성적이 상당히 높게 나왔다. 그때만 해도
화학자가 되고 싶었기에 일반 전형으로 고려대 화학과 응시 원서
를 준비했으나 담임선생님이 학교의 바람이라기에, 당시 실업계
학생들에게 적용되던 동일계 지원으로 바꿔 서울대학교 공대 금
속공학과에 입학하게 되었다. 학교에서는 포철공고 개교 이래 두
번째로 서울대 입학생을 냈다며 두고두고 자랑으로 삼았다. 학벌
을 우선시하는 사회 구조에서 나 또한 자유로울 수 없었다.

7
1981년 4월 서울, 내 생애 첫 수업

그러던 '범생'에게 인생의 전환점이 찾아왔다. 내 인생의 전환점은 교실 안도 아니고, 훌륭한 스승님 말씀도 아니었다. 그것은 바로 피 흘리며 끌려가던 현실과의 만남이었다.

1981년 3월, 대학교에 입학하면서 지방 출신인 덕분에 기숙사 배정을 받을 수 있었다. 나의 대학 생활은 장학금까지 받을 정도로 매우 순조로웠다. 대학 생활은 꽉 짜인 고등학교 생활과는 달랐고 모든 것이 신기해 보였다. 그러나 당시 대학 분위기는 낭만적이기는커녕 을씨년스러울 정도로 무겁게 가라앉아 있었다. 그 해는 12·12 군부 쿠데타로 권력을 장악한 전두환이 체육관 선거로 대통령 자리에 오른 바로 다음 해였다. 대학 내 시위마저 봉쇄하려고 수백 명 사복 경찰을 대학 내에 '주둔'시키고 있었다.

4월 어느 날(4월 19일 가능성이 가장 크다), 1교시를 마치고 잠시 기숙사로 돌아와 쉬고 있었다. 그런데 갑자기 교정 쪽에서 "빠바방" 하는 소리가 들리더니 매캐한 냄새가 바람에 실려 왔고 금세 눈을 뜰 수가 없었다. 순간적으로 말로만 듣던 최루탄이라는 걸 직감했다. 그리고 멀리서 노랫소리가 들려왔다.

"전두환은 물러가라. 홀라홀라~."

"어서 모여 함께 하나가 되자. 물가 심어진 나무같이 흔들리지 않게~."

나는 불에 덴 듯 용수철처럼 기숙사 밖으로 튀어나가 노랫소리와 최루탄 터지는 소리가 들리는 교정 쪽으로 단숨에 내달렸다. 학교 도서관 앞에 도착했을 때, 내가 그토록 무시했던 '공부하기 싫어 데모를 주동한 선배'가 짧은 머리에 청바지 차림을 한 4~5명의 사복 경찰들에게 붙잡혀 상체가 앞으로 숙여진 채 끌려가고 있었다. 끌려가는 대학생의 이마에는 붉은 피가 흐르고 있었고, 사복 경찰들은 주변에서 지켜보는 뭇 학생들의 눈길에 전혀 아랑곳하지 않은 채 끌고 가면서 그에게 주먹질과 발길질을 해댔다. 그들은 손가락 없는 가죽장갑으로 끌고 가는 대학생의 입을 틀어막고 있었다. 그런데 그 학생은 도리질을 치며 무언가 외치려 안간힘을 쓰는 모습이 역력했다. 마침내 그 틀어 막힌 입이 풀리는 순간 외마디 외침이 터져 나왔다.

"살인마 전두환은 물러가라!"

곧바로 사복 경찰들의 주먹과 발길질이 다시 날아들었다. 선배는 더 이상 저항하지 못한 채 질질 끌려갔다. 나는 그 살벌하고도 처참한 광경 앞에서 한참 동안이나 얼어붙고 말았다. 모든 것이 정지되는 느낌이었다. 그리고 알아버렸다. 내가 그동안 국정 교과서에서 배워온 사회와 역사는 현실과 다르다는 것을! 공부하기 싫어 데모한다는 비난이 얼마나 악의에 찬 거짓이었는지 단박에 알아차려버렸다. '공부하기 싫어 데모하는 놈'들이 그렇게 매 맞으며 처절히 끌려갈 수는 없기 때문이었다.

피 흘리며 끌려가는 현실과의 조우는 내 인생 행로를 바꿔놓은 인생의 첫 수업이 되었다. 이후 나의 인생은 완전히 달라져버렸다. 세상이 거꾸로 보이기 시작했다. 아니, 제대로 보기 시작한 것이다. 데모란 할 일이 없거나 공부하기 싫어서 하는 게 아니라는 걸 체감했다. 피 흘리는 현실이 가슴속으로 훅 들어왔다. 두려움에 맞서는 용기가 없다면 그 무서운 폭력에 대항해 싸운다는 건 애초부터 불가능하다. 나는 검증된 교과서 대신 전두환 정권이 금지한 금서를 읽기 시작했다. 여전히 너무나 두려웠지만 어느덧 데모에도 가담하게 됐다. 내가 처음으로 시위에 참여한 것은 1981년 10월 학내 축제 기간 중 관제 행사를 규탄하는 시위대 꽁무니에 따라 붙어 함께 스크럼 속으로 들어가면서부터였다. 그후 학내에서 노랫소리가 들리면 나는 어떻게든 강의실 밖으로 몰래 빠져나와 시위에 참여했다. 처음 강의를 빠질 때는 그 수업 시간 내내 안절부절못했지만 이내 곧 적응이 되었다.

그러던 어느 날 1학년 지도교수가 자신의 강의 시간에 학내 시위와 관련해 의미심장한 말을 던졌다.

"여러분, 데모할 시간에 공부하세요. 여러분이 데모하다 잡혀가면 여러분의 꿈은 수포로 돌아가게 됩니다. 열심히 공부해서 여러분이 사회에 가장 큰 영향력을 미칠 수 있는 최고의 지위에 올랐을 때 사회를 향해 말하세요. 그러면 훨씬 더 큰 영향을 줄 수 있습니다. 그러니 여러분, 지금은 데모를 쫓아다닐 것이 아니라 공부하세요."

나는 이 말을 듣고 깊은 고민에 빠졌나. 매우 타당한 말 같았기 때문이었다. 그런데 마음으로는 전혀 받아들여지지가 않았다. 강의 시간 내내 지도교수의 말이 머릿속을 맴돌았다. 뭐가 잘못된 것일까? 강의가 끝나고 난 후에야 한 가지 질문이 떠올랐다.

'그러면 교수님은 지금 무엇을 하고 있나요? 왜 당신은 전두환 정권의 강압 통치에 대해 침묵하고 있나요? 서울대 학과장인 당신에겐 아직도 더 올라갈 자리가 있어 기다리고 있는 건가요?'

그제야 무릎을 치며 깨달았다. 장래를 준비한다는 이유로 현실에 침묵하는 자는 먼 훗날 높은 사회적 지위에 올라선다 하더라도 불의에 침묵하게 된다. 이미 침묵하는 데에 너무나 익숙해져버렸기 때문이다. 당시 서울대 교수들은 전두환 정권의 강압 통치에 대해 침묵하고 있었다. 변화는 낙하산처럼 어느 순간 하늘에서 뚝 떨어지는 것이 아니라 부당한 현실에 맞선 작은 행동에서부터 시작해 그 작은 행동들이 쌓여 마침내 거대한 물줄기로 표출되는 것이라는 사실을 어렴풋하게나마 깨닫게 되었다.

서울대학교 금속공학과에 재학하던
1983년 당시의 학생증

　당시 전두환 정권의 철저한 감시와 통제 속에 있던 대학교 정
규 수업은 학사 자격을 취득하고 졸업장을 따기 위한 고등학교의
연장선으로 비쳐졌다. 반면 고향 선후배들과의 지적 교류의 장이
었던 문경학우회 활동, 여름방학을 이용한 농촌 활동, 노동자들
과 만나는 야학 활동과 공장 취업 활동 등 수업 외 활동에서 나는
오히려 대학 생활의 의미를 찾았다. 전두환 정권의 억압 통치 상
황에서 보낸 대학 생활은 어설프게나마 자유와 정의, 민주주의,
민족, 민중에 대해 몸으로 부대끼며 토론하고 고민했던 시기였
다. 그중 야학 활동과 공장 취업 활동은 아주 짧은 시간이었지만
스스로 노동의 세상과 인연을 맺은 소중한 경험이 되었다. 4학년
때 같은 학과 동기를 따라 노동야학에 들어가게 되었다. 야학에

서는 여름방학을 맞아 한 달간 공장에 취업해서 공장 경험을 해 보라고 권유했다.

나는 부평 공단에 위치한 TV 브라운관 제조업체 '동양전관' 이라는 회사에 취업을 했다. 물론 위장 취업이었다. 당시 대학생 들이 공장에 취업하면 노동자를 의식화한다고 해서 불순하게 보 던 시절이다. 그래서 고등학교 3학년이던 동생의 이름으로 주민 등록등본을 제출하고 취업을 했는데, 취업 첫날 출석 확인차 동 생의 이름을 호명했다. 동생의 이름이 세 번 불릴 때까지 나를 부 르는지도 모르고 가만히 있다가 아차 하고서 네 번째에야 대답 을 하는 웃지 못할 일도 있었다. 애초 4주를 목표로 들어갔으나 야학의 사정이 바뀌어 3주 급여를 받고 그만두었다. 당시 얼마나 성실히 일을 했던지 담당 부장이 계속 근무하면 안 되겠느냐고 붙잡을 정도였다.

8
광부 아버지와의 추억

대학교 3학년 여름방학 때였다. 갑자기 아버지가 일하시는 곳에 가보고 싶어졌다. 문경학우회 고향 선후배들과 함께 아버지가 일하시던 문경의 탄광으로 견학을 가게 되었다. 아버지는 당시 개인 탄광의 항장(공장으로 말하면 공장장)으로 일을 하고 계셨다. 아버지는 우리를 반갑게 맞아 인사를 나눈 뒤 몇 가지 주의 사항을 당부하고 갱도 안으로 안내하셨다. 아버지는 헤드랜턴이 부착된 안전모를 쓰고 오른손에는 앞이 뾰족한 작은 망치를 들고 앞장서 가며 석탄을 캐내는 방법을 자세히 설명해주려 애쓰셨다. 캄캄한 굴속에는 군데군데 갱목이 받쳐져 있었다. 일행 중 한 명이 어느 부분에 갱목을 대고 어디에는 대지 않는지 질문했다. 아버지는 손에 들고 있던 망치로 굴 안의 바위 이곳저곳을 톡톡 두드리며 소리를 듣는 시늉을 해보였다. 바위가 안전한지를 소리로 확인한 후 부실한 곳에는 바위가 무너지지 않도록 갱목을 대어 기둥을 세운다고 설명했다. 헤드랜턴에서 비추는 빛 때문이었을까, 아니면 작은 망치를 든 아주 노련한 모습 때문이었을까. 아버지의 얼굴에 빛이 나 보였다. 아버지 모습에서 한길을 걸어온 당당한 광부의 모습을 보게 될 줄이야, 가슴이 뭉클했다. 난생처음 아버지가 자랑스럽게 느껴졌다. 아버지는 한평생 탄광에서 석탄을 캐며 낮을 밤처럼 사셨건만 탄광에서 일하는 아버지의 모습을 뵌 건 그날이 처음이었다.

1980년대부터 우리나라는 가정용 연료가 달라지고 소득 수준이 향상됨에 따라 석탄 수요가 크게 감소했다. 이와 함께 채광 여건이 악화되어 석탄 산업이 쇠퇴하자 정부는 경제성이 없는 탄광을 정리하는 국영 석탄사업 합리화 정책을 추진했다. 아버지도 결국 1984년 어느 날 광부 옷을 벗었다. 그 후 진폐증으로 인해 허파 기능이 3분의 1까지 축소되는 고통을 감내해야 했다. 아버지는 2009년 4월 6일 끝내 진폐에 따른 합병증으로 가톨릭대 여의도성모병원 중환자실에서 80년의 파란만장한 인생을 마감하셨다.

20대 중반의 젊은 나이에 고향을 떠나 탄광 막장을 선택한 아버지, 아들에게 대학 대신 취업의 길을 권해야 했던 아버지, 그 아들의 포철공고 입학을 계기로 고향을 다시 찾은 아버지, 대한민국의 산업화 시대를 온몸으로 겪어낸 아버지, 그리고 석탄 산업의 쇠락과 함께 생의 고개를 넘으신 아버지의 인생은 그 시대

아버지들의 모습이었다.

지금 나는 젊은 시절에 바라보던 아버지의 나이가 되었다. 인간은 누구나 역사의 길에 서 있다. 20세기에 태어나 21세기를 살고 있는 내 인생에도 대한민국의 역사가 녹아 있다. 역사는 주어진 길을 따라가며 순응하는 자와 그 길을 개척하는 자의 두 몫을 필요로 한다. 출생은 선택할 수 없지만 운명을 개척해가는 건 각자의 몫이다. 성인이 된 이후부터 내 삶은 도전과 응전의 연속이었다. 그 배경이 되었던 어린 시절과 전환점이 되었던 학창 시절, 이렇게 20년을 정리해보았다. 자, 이제부터 시작이다.

2부

|

온산과 안강 시절,
풍산금속공업주식회사 : 1985~2000

1

첫 직장, 풍산금속공업주식회사

대학교 1학년 때 교과서와 다른 현실을 알게 된 이후, 시위에 참가했다가 경찰서에 끌려가기도 하고 총장실 항의 방문에 참여했다가 사진에 찍혀 경고를 받기도 했지만 무사히 대학을 졸업했다. 당시 집안의 장남으로서 동생들의 학비와 가족의 생계비를 보태야 했던 터라 군 복무의 일환으로 병역 특례가 가능한 방위산업체에 취업하기로 마음먹었다. 현대중공업 기술직 공채에 응시해 면접까지 합격을 하고 신체검사를 남겨둔 상태였다. 마침 그때 포항제철 기술연구소에 다니던 한 대학 선배가 금속공학과 강의실을 찾아와 포항제철에서도 신입 사원을 뽑으니 후배들 중에서 많이 지원해달라고 원서를 주고 갔다. 그 선배에게 군 미필자도 채용하느냐고 질문했는데 자신 있게 그렇다고 대답했다.

나는 고민할 것도 없이 현대중공업 신체검사를 포기하고 포항제철 면접일에 맞춰 포항으로 내려갔다. 그런데 포항제철소 앞에서 그 선배를 만났는데 얼굴이 하얗게 질려 있었다. 이게 웬일인가. 군 미필은 안 뽑는다는 게 아닌가. 그때 5명이 내려갔는데 1명만 군필이었고 나머지는 모두 미필이었다. 그 선배는 자신이 잘못 알았다며 어쩔 줄 몰라 하면서 대신 삼성중공업 취업을 주선하겠다고 했다. "아닙니다. 우리 길은 우리가 찾아보겠습니다" 하고는 올라와버렸다. 그땐 이미 1군에 속하는 기업들에서는 채용이 끝나고 2군의 채용이 시작되었는데 1급 방위산업체였던 풍산금속공업주식회사(현재 주식회사 풍산)가 눈에 들어왔다. 풍산금속 안강공장은 포항에서 가까운 곳에 위치해 있었다. 나는 1984년 12월 동제품과 포탄을 생산하는 풍산금속 기술직 공채에 지원해 합격했다. 입사를 하면서도 대학시절 시위 주도를 해 강제 징집되거나 제적되어 학교에서 추방당한 친구들에 대한 미안함이 늘 마음 한구석을 맴돌았다.

1985년 1월 20일경, 나는 풍산금속 첫 근무지로 울산시(당시 울주군) 소재 온산공장 품질보증부 개발과로 발령을 받았다. 근데 아는 게 병이었다. 석탑출판사에서 나온 〈노동법 해설〉을 몇 차례나 완독한 나는 책에 있는 원칙을 현장에서 적용하려고 했다.

첫 발령지에서 맞닥뜨린 공장의 현실은 관행화된 연장근무와 상명 하달식 권위주의 문화였다. 대학시절 노동야학에 참여하면서 어설프게 공부한 노동법이었지만 당사자의 동의 없이 연장근로가 당연시되고 있던 현실에 문제의식이 발동했다. 분명 근로기준법에서는 1일 8시간을 법정 근로시간으로 정하고 이를 초과하는 연장근로나 휴일근로에 대해 당사자의 동의를 얻도록 되어 있으나, 회사의 생산 계획에 따르는 것이 관행처럼 되어 있었다. 내가 속한 부서의 사무실에서도 부장의 퇴근시간에 따라 직원들의 퇴근시간이 달라졌다. 부장이 퇴근해야 그다음으로 차장이 2~3분 있다가 퇴근하고 이어서 과장이 퇴근하는 식이었다. 입사 후 2개월가량 지나 공장의 근무 상황을 파악하게 된 나는 정시 퇴근을 실행에 옮기기로 마음을 먹었다. 수개월 동안 계속된 '나 홀로' 정시 퇴근은 상사의 미움을 사기에 충분했고, 나는 주변의 곱지 않은 시선을 홀로 감당해야만 했다.

온산공장 개발과로 발령받고 2개월쯤 지났을 때 부장이 내준 첫 과제를 받게 되었다. 안강공장에서 제기한 'R-band' 클레임 건이었는데 해결하는 데 한 달의 기간이 주어졌다. 공장에는 별도의 연구 시설을 갖추고 있지 않았기 때문에 현장 생산 시설에서 요령껏 협조를 받아 실험을 해야 했다. 생산 부서로 업무 협조 공문을 보내고 생산 조건과 다른 조건으로 테스트 작업을 부탁해놓고 다음날 가보면 아무것도 되어 있지 않은 경우가 허다했다. 그렇게 일주일이 휙 지나가버리고 안강공장에서 담당 간부가 찾아왔는데 그날까지도 의미 있는 진행 사항이 없었다. 안강공장 간부와 클레임 건에 대해 담화를 나누던 부장은 내게 클레임 건 어떻게 진행되고 있느냐고 물었고, 나는 망설이다가 모른다고 대답하고 말았다. 사무실 직원들이 모두 보고 있는 열린 공간에서 부장한테 엄청 혼이 나야 했다.

"뭐, 이런 친구가 있어?"

업무에 대한 책임 문제 때문이었다. 나는 책상으로 돌아와 고민에 잠겼다. 6시 정시 퇴근을 고집할 것인가, 아니면 과제 해결을 위해 잠시 중단할 것인가. 나는 잠시 '6시 땡 퇴근'을 접고 현장으로 달려갔다. 업무에 무능력하다거나 무책임하다는 소리를 듣고 싶지는 않았다. 나흘간 출근시간부터 밤 11시까지 테스트 작업에 매달렸다. 한 공정이 끝나면 직접 크레인을 운전해 다음 공정의 작업자 앞에 시험 재료를 옮겨 놓고 테스트 작업을 해줄 때까지 기다렸다. 공고 3년에 금속공학과 4년이니 금속 가공의 흐름은 알고 있었다. 실험은 과학자가 되고 싶었던 어린 시절의 꿈과도 연결되었기에 매우 흥미도 있었다. 정성을 쏟은 결과였을까. 주어진 기간보다 일주일을 앞당겨 3주 만에 클레임을 해결할 수 있었다. 테스트 결과를 부장에게 보고하자 씩 웃으며 흡족해 하던 모습이 지금도 기억에 남아 있다.

첫 과업을 수행한 이후 나는 다시 '땡 퇴근'을 지속했고 주목받는, 아니 눈총받는 시절은 계속되었다. 그 시절 정태춘·박은옥의 노래 '서해에서'에 빠져 지냈다.

눈물에 옷자락이 젖어도 갈 길은 머나먼데 / 고요히 잡아주는 손 있어 서러움을 더해주나 / 저 사공이 나를 태우고 노 저

어 떠나면 / 또 다른 나루에 내리면 나는 어디로 가야 하나 //

서해 먼 바다 위로 노을이 비단결처럼 고운데 / 나 떠나가는 배에 물결은 멀리멀리 퍼져간다 / 꿈을 꾸는 저녁 바다에 갈매기 날아가고 / 섬마을 아이들의 웃음소리 물결 따라 멀어져간다//

어두워지는 저녁 바다에 섬 그늘 길게 누워도 / 뱃길에 살랑대는 바람은 잠잘 줄을 모르네 / 저 사공은 노만 저을 뿐 한마디 말이 없고 / 뱃전에 부서지는 파도 소리에 육지 소식 전해오네 / 뱃전에 부서지는 파도 소리에 육지 소식 전해오네//

돌아보면 일가친척 하나 없는 곳에서 사회에 첫발을 내딛은 것만으로도 생경한데 8시간 노동법을 실천해보겠다고 고집을 부렸으니 눈총과 고립감에 무척 힘들었던 것이다. 온산은 포항과는 멀지 않았지만 머나먼 섬에 와 있다는 느낌이었고 육지 소식을 기다리듯 뭔가에 몹시 목이 말라 있었던 모양이다. 그러다 보니 연수시절 홀로 '찔레꽃' 노래를 흥얼거리던 경북대 전자공학과 출신 입사 동기와 죽이 맞아 건수만 생기면 서로 불러내어 술자리를 가지며 외로움을 달랬다.

88올림픽을 한 해 앞둔 1987년 7월과 8월, 미국 국민들의 TV 시청 시간을 고려해 올림픽 경기 시간을 한 시간씩 앞당기고, 그에 따라 대한민국 국민의 출퇴근 시간을 한 시간씩 앞당기는 것을 전제로 해 예행연습을 한 적이 있었다. 소위 '서머타임'이라는 것이었다. 한 시간씩 출퇴근 시간을 당겼으니 출근 시각은 아침 8시, 퇴근 시각은 오후 5시였다. 한여름 오후 5시면 아직 해가 중천에 걸려 있는데, 그 밝은 대낮에 혼자서 사복으로 갈아입고 사무실을 빠져나오는 난감함을 이겨내기란 쉽지 않았다. 사무실의 모든 시선이 머리 뒤통수로 쏟아지는 것 같았다.

2
1987년 6월 울산 민주화 투쟁, 다시 거리로 나서다

1987년, 입사 3년차가 되었다. 대학을 졸업하고 병역특례로 입사한 회사의 공장 생활은 적응이 쉽지 않았다. 1980년대를 살았던 우리들은 대학을 무사히 졸업하는 것에 대해 오히려 미안함을 갖고 있었다. 제대로 민주화 운동을 하던 친구들은 구속되거나 군대에 끌려가거나 학사 제적되어 학교에서 쫓겨났기 때문이었다. 끌려가거나 내쫓긴 친구들에 대한 부채감을 갖고 회사를 다니던 시절이었다. 그러니 회사 생활이 신명 날 리가 있었을까.

1987년 6월 10일 도심에서의 6·10 민주화 시위 상황도 뉴스를 보고 알았을 정도로 당시 나는 사회·정치적 상황과는 완전히 단절된 생활을 하고 있었다. 그러던 그해 6월 16일로 기억되는데 우리 과의 총무가 아침에 출근하기가 무섭게 사무실 직원들에게 "오늘 울산 시내에서 학생들이 주도하는 대규모 시위가 있대요.

다들 시내에는 안 나가는 게 좋을 거예요"라는 소식을 전해주었다. 그 말을 듣는 순간 내 안에서 잠자고 있던 '뭔가 뜨거운 것'이 훅 올라왔다. 억압되어 있던 자유에 대한 갈망 같은 것이었다. 흥분과 설렘이 교차했다.

나는 퇴근시간이 되자마자 시위가 예상되는 울산 시내로 향했다. 울산대 학생들과 청년들이 선두에 선 시위 대열을 만날 수 있었다. 마치 오랜 친구를 만난 것처럼 반가웠다. 일면식도 없는 그들이었으나 너무도 친구하게 느껴졌다. 그날부터 퇴근만 하면 시내로 달려 나갔다. 그리고 매일 밤 자정이 넘어 귀가했다. 몇 시간 동안 전경들에게 쫓겨 다니며 최루탄을 흠뻑 뒤집어쓴 탓에 내가 버스에 오르면 사람들은 영문도 모른 채 재채기를 해댔고 나는 남몰래 미안해야 했다.

특히 떠오르는 한 장면이 있다. 같은 해 6월 24일(혹은 26일)로 기억한다. 울산성당에 노무현 변호사가 강연을 하러 온 날이었다. 현대중공업에 다닌다고 소개한 노동자가 "회사에서는 거리 시위가 불법이라고 하는데 노동자들은 어떻게 싸워야 합니까?"라고 질문을 했다. 노변호사는 '노동자들은 법의 경계에서 싸우는 사람들입니다. 악법은 지키는 것이 아니라 어겨서 깨뜨리는 것입니다'라는 취지의 답변을 했다. 그 말이 머리를 쳤다. 변호사가 저런 말을 하다니…. 신기함마저 느껴졌다. 강연이 끝나고 거리 시위에 나가기 위해 성당 마당으로 나왔다. 저녁 8시경 주위는 어둡고 비가 약하게 내리고 있었다.

성당에서 가까운 사거리에는 이미 전경들이 무장을 한 채 대기하고 있었다. 그랬던 탓인지 사람들은 시위 선두에 들고 나갈 현수막을 감히 들지 못했다. 약간 시간이 지나고 한쪽은 어떤 청년이 들었는데 다른 한쪽은 여전히 비어 있었다. 괜한 양심이 작동했다. '너는 왜 안 드느냐? 너도 비겁한 것 아니냐?'라는 속삭임 같은 것이었다. 결국 주저하다 현수막 한쪽을 들었다. 대략 대열이 정돈되고 성당 경계를 나섰다. 그런데 이게 웬일인가. 청재킷을 입고 흰색 헬멧을 쓴 백골단이 새까맣게 반대편 길가에 서서 체포할 만반의 준비를 하고 있는 것이 아닌가. '아차, 내가 현수막을 잘못 들었구나.' 순간 후회가 물밀듯이 밀려왔다. 노무현 변호사의 악법 강연만 없었어도 나는 굳이 이 현수막을 들지는 않았을 텐데…. 그러나 이미 때는 늦었다. 자존심이 있지 겁이 난다고 현수막을 내팽개칠 수는 없지 않은가. 하지만 이런 갈등도 얼마 가지 못했다. 거리로 나서서 몇 발자국 떼놓기가 무섭게 "체포해"라는 지시가 떨어졌고, 그 지시가 떨어지자 백골단들이 하이에나처럼 달려들었다. 현수막에 바로 붙어 있던 선두 그룹도 혼비백산하고 뒤로 돌아 뛰려고 했지만 뒤를 따르던 시위대에 막혀 아수라장이 됐다. 그렇게도 어둡고 혼잡한 상황이었지만 백골단의 눈은 매서웠다. "저놈 잡아!" 민첩히 사람들 사이를 헤쳐보려 했지만 무망했다. 나의 안경은 무엇인가에 부딪혀 땅에 떨어졌고 누군가의 발에 밟혀 안경알이 박살 났다. 나는 얼마 못 가 백골단에게 뒷덜미를 잡혔고 두 명에게 두 팔을 뒤로 꺾인 채 호송버스로 끌려갔다. 많은 시위자가 줄지어 버스에 태워졌다. 그리고 울산경찰서 유치장에 수감됐다. 만원이었다. 다음날 출근 걱정 때문에 잠을 이룰 수가 없었다. 새벽녘에 신부님들이 면회를 왔다. 시민단체(아마도 민주헌법쟁취국민운동본부)에서 시민들의 연행에 대해 경찰 당국에 강력히 항의했다는 것이었다. 그러니 조금만 기다리면 석방될 것이라는 전언이 있었다. 그 전언대로 조금 후에 우리는 풀려났다.

다음날, 그다음 날에도 다시 시내로 나갔다. 백골단의 폭력도, 체포도 더 이상 시민들을 굴복시키지 못했다. 최루탄이 바닥났다는 소식도 들렸다. 우리는 마침내 전경들의 방어선을 무너뜨리고 울산의 중심지인 주리원 백화점 도로를 관통했다. 도로를 관통하던 그날 양쪽에서 달려오던 시위대들은 서로를 얼싸안고 기뻐 어쩔 줄을 몰라 했다. 하늘이 떠나가라 목청껏 만세를 불렀다.

"만세! 만세! 이겼다. 우리가 이겼다!"

그리고 다음날 노태우가 전두환을 대신해 6·29 성명을 발표했다. 대통령 직선제 개헌을 수용하겠다고. 30년 전 울산에서도 시민들은 독재 정권에 맞서 용감히 싸우고 있었다. 1987년 6월 민주화 투쟁은 내게 큰 변화를 가져다주었다. 소극적이었던 회사 생활이 달라지기 시작했다.

3
부풀었던 노동해방의 꿈,
풍산 온산공장 민주노조 설립 시도

6월 민주화 투쟁에 이어 울산 현대그룹 노동자들로부터 촉발된 7~9월 노동자 대투쟁은 가까운 곳에 있는 풍산금속 온산공장 노동자들에게도 직접적인 영향을 미쳤다. 당시까지 풍산금속 현장 노동자들은 노동법을 몰랐고 노동조합은 남의 나라 얘기였다. 주먹은 가깝고 법은 멀다는 것을 실감했다. 권리의 주체가 자각하지 않는 법적 권리란 그저 장식물에 불과할 뿐이었다. 미사여구에 지나지 않는 법적 권리를 현실화하려면 당사자들 자신이 권리의 주체임을 자각해야 할 필요가 있었다. 그 권리 주체들은 공장에서 시키는 대로 일을 하고 있었다.

그해 7월 하순경, 드디어 근무지인 온산공장에서도 노동조합 설립 움직임이 나타나기 시작했다. 하지만 회사는 한 발 더 빠르게 움직였다. 회사의 친목 단체였던 사우회 회장과 그 주변 인물들이 은밀히 노동조합 설립신고를 먼저 선점해버리는 바람에 현장 중심의 민주노조 설립에 중대한 장애가 발생했다. 결국 현장 노동자들에 의한 노조위원장 선출은 무위로 돌아가고 말았다. 나는 그때부터 노동조합 대의원들을 개별적으로 만나가며 '노조위원장' 불신임 방안을 주도적으로 모색해나갔다.

그런데 노조위원장 불신임 움직임에 위협을 느낀 회사는 같은 해 10월 1일자로 나를 포탄 제조 공장인 안강공장으로 전보한다는 명령을 내렸다. 10여 일 동안 전보의 부당성을 주장하며 맞섰으나 불신임 대상인 노조위원장과 집행부에서 나를 보호해줄 리가 만무했다. 회사의 전보명령은 노동조합 활동에 대한 불이익 처분이 명백했지만, 계속 전보명령을 거부하면 회사 지시를 이행하지 않고 무단결근했다는 이유로 해고가 될 것이고 해고되면 징집될 것이 명확했다. 당시 병역특례 중이던 나로서는 선택의 여지가 없었다.

전보명령이 나오고 12일째 되는 날, 부장실을 찾아 부장에게 안강공장으로 가겠다고 말했다. 갑자기 부장의 눈에서 닭똥 같은 눈물이 뚝뚝 흘러내렸다. 당황해하는 내게 이렇게 말하는 것이었다.

"권기사, 미안하다. 내가 지금까지 선택한 부하 직원에 대해서는 쫓아내도 내 손으로 쫓아냈고 내가 결정을 했다. 누가 뭐라 하던 내가 끝까지 책임을 졌다. 그런데 자네는 내가 선택한 경우였지만 내 권한 범위를 넘어 서 있어 책임을 질 수 없게 되었다. 정말 미안하네. 내가 끝까지 보호하지는 못했지만 자네는 어딜 가든 잘할 거라고 믿네."

부장 본인이 위로부터 얼마나 압박을 받고 있었을지 짐작이 갔다. 그럼에도 이런 마음을 갖고 있었다니… 진심에서 우러나오는 말에 가슴이 뜨거워졌다. 1987년 10월 12일 사회 초년생이었던 나는 최초의 상사였던 부장의 고마운 마음을 간직한 채 첫 발령지인 온산공장을 뒤로하고 안강공장으로 발길을 돌려야 했다.

4
부당전보를 받고 풍산 안강공장에서 '8인회'

동판과 동파이프 등 민수 제품을 주로 생산하는 온산공장과 달리 안강공장은 포탄을 위주로 생산하는 군수 공장이었기 때문에 분위기부터가 판이하게 달랐다. 공장 바깥쪽은 높은 철조망으로 둘러쳐져 있었고 그 너머에는 전경 경비대가 경계를 서고 있었다. 정문까지의 출입로에는 바리게이트를 지그재그로 설치해 마치 군부대로 들어서는 느낌을 주었다. 나는 생산부서가 아닌 품질관리부로 배정을 받았는데 이렇다 할 업무도 과제도 주어지지 않았다. 회사는 사택을 배정해주면서 휴일이면 회사 교환원이 같은 호실의 다른 방에 기거하던 간부 직원을 통해 내 동선을 확인하게 했다. 회사의 요주의 인물로 전보해 온 첫날부터 감시를 받았던 것이다. 신경은 쓰였으나 개의치 않기로 했다. 하지만 외로웠다. 외로움을 달래려고 경주 안강읍 소재 안강성당을 찾아 청년회 모임에 나가기 시작했다. 1986년 온산공장 시절 울산남부성당에서 교리 수업을 듣고 영세를 받은 상태였다.

당시 성당 청년회에는 민주헌법쟁취국민운동본부 경주지부에 가입해 활동하거나 풍물에 심취한 청년들도 있어 서로 뜻이 잘 통했고 쉬이 친해졌다. 그 후 나는 안강성당 청년들에게 독서 토론회 모임을 만들어 사회와 역사를 공부해보자고 제안했고, 이 제안이 받아들여져 매주 1회 독서 모임을 가졌다. 성당 청년들의 독서 모임이 안착된 후 같은 읍내에 있는 안강제일교회 청년회에 제안해 연합 독서토론회로 확대했다. 매번 20~30명이 참여할 정도로 독서 토론 모임은 활발히 진행되었다.

독서 토론 모임의 구성원 다수는 1987년 12월 치러진 대통령 선거에서 공정감시단을 신청해 부정 선거를 감시하는 활동에 적극 참여했다. 이 일로 안강공장 1생산본부장에게 불려가 "절이 싫으면 중이 떠나야 하나, 절이 떠나야 하나"라는 말로 회사를 그만둘지, 아니면 조용히 있을지 양자택일을 하라는 협박을 받기도 했다.

이듬해인 1988년 4월 총선을 앞두고 당시 집권 여당인 민정당의 국회의원 후보가 안강공장으로 들어와 공장장의 안내를 받으며 공장 순회 유세를 진행한 적이 있었다. 연설회 장소가 아닌 곳에서 이뤄진 명백한 불법 선거운동이었다. 근무하고 있던 안강공장 101부 앞 공터에도 임시 연단이 설치되었다. 그 자리에 동원되었던 나는 연설을 끝내고 연단을 내려오려는 민정당 후보에게 손을 들고 이렇게 항의했다.

"이곳은 선거 연설회가 허용되지 않는 장소입니다. 이번 국회의원 선거에서 민정당이 내세우고 있는 가장 핵심적인 캐치프레이즈는 '페어플레이'입니다. 그런데 후보님은 연설회가 허용되지 않는 공장에 들어와 회사 공장장의 안내를 받으며 근무시간 중에 자신에 대한 지지를 부탁하는 연설을 하고 있습니다. 반면 상대 후보는 공장 출입은커녕 노동자들에게 나눠준 선거 홍보물마저 정문에서 회사 경비들에게 모두 빼앗기고 있는 상황입니다. 이러고도 공정한 선거를 운운하는 것입니까? 이곳 근로자들이 침묵하고 있다고 해서 아무것도 모른다고 생각한다면 그것은 오산입니다. 우리는 여당의 편파적인 선거운동과 불공정하게 기울어진 현실을 결코 잊지 않을 것입니다."

이 항의는 큰 파장을 불러왔다. '용기 있는' 행동이라고 삽시간에 공장 노동자들 사이에 퍼져 나갔고 읍내 주민들에게도 알려졌다. 기울어진 현실을 당연한 것으로 생각해오던 안강공장 노동자들에겐 놀라운 일이 아닐 수 없었던 것이다. 며칠 후 부서의 부장이 나를 부르더니 "권기사, 왜 조용한 호수에 돌을 던지나? 더 이상 문제를 일으키지 말았으면 좋겠네"라고 경고했다. 아무 대꾸 없이 그저 조용히 웃었다. 그 후에도 한동안 실질적인 업무나 과제가 주어지지 않았다.

그런데 한번은 직속 상사인 차장이 여러 선배 기사(기술직 사원을 이렇게 불렀다)들의 손을 거쳤는데도 해결이 되지 않던 기술적인 문제 하나를 해결해보라며 과제로 던져주었다. 벽 두께가 얇은 특정 탄피의 경우, 사전에 원 소재에 윤활 처리를 하지 않으면 얇은 두께로 압신하는 공정에서 탄피가 찢어지는 문제가 발생한다는 것이었다. 윤활 공정을 거치지 않고 얇고 긴 탄피를 원 소재에서 바로 압신해낼 수 있느냐가 관건이었다. 명색이 금속공학과 출신인 나는 금속가공에 대한 기초 지식에 실험계획법을 동원했다. 그 덕분에 빠른 시간 내에 이 문제를 완벽히 해결해냈고 압신 전 윤활 공정을 생략할 수 있게 되었다. 이 일을 계기로 상사와 직원들은 나를 달리 보기 시작했고 탄피 가공에 문제가 발생하면 내게도 물어왔다.

5
들판의 불씨, 다시 태안반도로

성당과 교회 청년들과의 독서토론회가 거듭될수록 실천 없는 사변의 공허함과 함께 현실 접목 필요성이 강하게 느껴졌다. 그래서 총선 전부터 독서토론회 구성원 중 풍산금속 안강공장에 다니던 성당 및 교회 청년들 일부와 알고 지내던 현장 노동자 약간 명을 추가해 '8인회'를 구성했다. '8인회'는 안강공장에 노동조합을 설립하는 것을 직접 목표로 삼았다. 현장 노동자를 중심으로 노동조합을 지향하는 소모임을 만들고, 소모임을 통해 지도부를 준비해 노동조합을 만들고자 했다.

8인회는 오래가지 못하고 발각되고 말았다. 당시 안강공장에서는 가방 반입을 금하고 있었기 때문에 지참하고 온 가방을 경비실 옆 빈 공간에 두고 공장 안으로 출근을 해야 했다. 민주헌법 쟁취국민운동본부 경주지부에 가입해 활동하던 한 성당 청년도

8인회의 일원이었는데, 그가 출근길에 두고 간 가방을 회사 보안과 직원들이 몰래 뒤져본 것 같다고 털어놓았다. 가방 안에는 국민운동본부에서 만든 홍보물과 〈전태일 평전〉 등이 들어 있었고 수첩에는 8인회의 명단과 회의 내용이 소상하게 적혀 있었다.

당장 나는 공장장실로 불려갔고, 공장장은 다짜고짜 태안반도로 가라고 했다. 태안반도는 풍산금속의 또 다른 공장이 있는 곳이 아니라 생산된 포탄을 직접 발사해 성능 테스트를 하는 곳이었다. 그곳은 국방부가 운영하는 안흥시험장이었다. 앞이 캄캄했다. 갑자기 억울함과 서글픔이 밀려들었다. 나는 공장장에게 "풍산 같은 큰 기업에서 무엇이 두려워 나를 이렇게도 못살게 구는 겁니까? 회사가 당당하다면 무엇 때문에 이러는 겁니까?"라고 항의하며 한참 동안이나 탁자를 치며 통곡을 쏟아냈다. 그리고 다음과 같은 말을 남기고 일어섰다.

"나 한 사람이야 격리할 수 있겠지만 이미 들판에 불씨는 던져졌습니다. 결코 그 불씨는 꺼지지 않을 것입니다. 두고 보십시오."

1988년 7월 7일, 회사에서 감시하도록 붙인 간부 직원 차장이 운전하는 승용차를 타고 태안반도로 떠났다. 옛 선조들이 유배지로 향하던 느낌이 바로 이런 것이었을까 하고 스스로를 위로해보았으나 헛헛한 느낌은 쉬이 가라앉지 않았다.

6
'풍산금속은 치외법권 지대인가',
1988년 8월 8일 4명 해고

    태안반도로 쫓겨 간 지 10여 일이 지난 7월 18일, 공교롭게도 안강공장에서 폭약을 제조하던 노동자 정구일씨가 폭발 사고로 사망하는 산업재해 사고가 발생했다. 박정희 정권 시절부터 줄곧 정권의 비호를 받아온 방위산업체 풍산금속에서 제대로 된 보상을 받아내기란 하늘의 별 따기였다. 그런데 놀랍게도 유가족들은 장례를 미룬 채 '풍산금속 안강공장은 치외법권 지대인가'라는 제목의 유인물을 만들어 노동법의 사각지대에 놓여 있던 안강공장의 실태를 폭로했다. 유가족들은 산업재해를 제대로 보상할 뿐아니라 공장에 안전대책을 마련하고 노동자들에게 노동삼권을 보장할 것을 요구했다. 회사와의 협상은 제대로 진척되지 않았고 7월 말경까지 사태는 지속되었다.

    태안반도에 고립된 채 사고 소식과 이후 협상 과정을 제대로

                                                  거리에 핀 정의

듣지 못하던 나는 7월 28일경부터 여름휴가를 맞았다. 감시 역할을 겸하는 차장은 여름휴가 기간 동안 자신과 같이 전국 순회 여행을 가자고 요구했다. 그는 휴가 기간 동안 내가 안강공장 노동자들을 만나지 못하게 하라는 지시를 받고 있었다.

나는 잠시 고향에 다녀오겠다는 핑계를 대고 겨우 이틀간의 말미를 얻어 포항으로 내려갔다. 8인회 동료들을 만나보기 위해서였다. 그때서야 '풍산금속 안강공장은 치외법권 지대인가'라는 제목의 유가족 유인물을 보고, 보상 문제가 여전히 타결되지 않고 있다는 사실도 알게 되었다. 당시 3명의 동료들을 만났는데 그 자리에서 안강공장의 열악한 근로실태를 외부에 더 알릴 필요가 있다는 사실에 공감하고 유가족들이 만든 유인물을 안강읍 내 담벼락 곳곳에 붙이기로 했다. 그리고 나는 감시를 담당하는 간부 직원 차장을 만나러 대전으로 떠났다. 차장이 요구한 전국 순회 여행을 가기 위해서. 하지만 며칠 지나지 않아 순천 송광사 여행지에서 나와 동행하던 차장은 안강공장으로부터 "나를 데리고 공장으로 들어오라"는 긴급 호출을 받았다. 동료 중 2명이 밤을 틈타 안강읍 내 담벼락 곳곳에 유인물을 붙이다가 순찰 중이던 안강파출소 순경에게 발견되었고 그 사실이 공장으로 통보된 것이다.

이로서 나를 포함한 4명의 노동자(권영국, 김영식, 이남규, 최원창)가 벽보 부착 공모 행위로 징계위원회에 회부되었고, 회사 명예훼손과 군사기밀누설 등을 이유로 1988년 8월 8일 전원 해고

되었다. 벽보 한 번 붙였다는 이유로 하루아침에 수년 내지 십수 년간 근무해오던 회사에서 쫓겨나게 된 것이다. 오전에 출근해 해고 통지를 받고는 작별 인사를 해야 한다며 퇴근시간까지 시간을 끌었다. 이윽고 퇴근시간이 되어 직원들이 통근버스를 타려고 줄을 서 있는 모습을 보고 외쳤다.

"풍산금속 노동자 여러분, 저는 권영국이라는 기술직 사원입니다. 시내에 벽보를 붙였다는 이유로 오늘 여러분의 동료 4명이 해고되었습니다. 부당하게 해고되었습니다. 내일부터 해고에 맞서 싸울 겁니다. 여러분, 저를 기억해주시기 바랍니다. 저는 싸워서 반드시 공장으로 돌아올 겁니다. 우리를 기억해주십시오."

모두 놀라는 표정이었다.

7
'우리는 왜 해고되었는가'
최초 유인물 배포하던 날의 기억

억울했다. 어려움에 처한 산업재해 피해 유가족을 돕고 열악한 공장의 실태를 알리기 위해 홍보물을 외부에 붙였다는 이유로 4명을 해고하다니, 있을 수 없는 일이었다. 그래서 그냥 물러날 수는 없었다. 나와 해고된 동료들은 해고 다음날인 8월 9일 오후 3시, 1조 퇴근시간에 맞춰 '우리는 왜 해고되었는가'라는 제목의 소식지를 들고 회사 통근버스가 주로 정차하는 안강파출소 바로 맞은편 우체국 앞에서 공장 동료들을 기다렸다. 이날 우리의 소식지를 받아가는 공장 노동자들은 거의 없었다. 대부분 버스를 내려서는 우리를 피해 지나쳐버렸다. 낯설고 두렵기 때문이었을 거라고 짐작한다. 대신 안강파출소에서 정복 경찰관 네댓 명이 나와 우리의 소식지를 빼앗으려 했다. 그때 나는 소식지를 안은 채 길바닥을 구르며 악을 썼다.

"당신들이 잘린 우리 모가지를 붙여줄 자신이 있으면 빼앗아 가라. 그렇지 없으면 물러나라."

파출소 바로 앞이 소식지를 나눠줘야 할 주요 공간인데 여기서 경찰의 방해를 극복하지 못하면 복직 싸움은 불가능해 보였기 때문이다. 경찰관들도 예기치 못한 나의 행동에 당황을 했던지 그날은 물러났다.

우리는 다음날 다시 같은 시각, 같은 장소에서 소식지를 나눠주기 시작했다. 이번에는 경찰관들이 나와 우리를 파출소로 연행해 갔다. 전날 밤 우리 해고자 4명은 둘러앉아 손을 잡고 "경찰이 우리를 연행해가더라도 쫄지 말자"고 이미 결의를 해둔 상태였기 때문에 별다른 저항 없이 연행에 응했다. 파출소에서는 본서인 경주경찰서와 연락을 취하며 우리를 어떻게 할지 긴박히 상의하는 모습이 보였다. 연행한 지 한두 시간가량 지났을까. 더 이상 잡아둘 명분이 없었던지 별다른 설명도 없이 방면했다. 나는 속으로 쾌재를 불렀다. 복직 투쟁을 위한 주요 공간을 확보하게 되었기 때문이다.

우리는 매일 해고자 소식지를 작성해 같은 장소에서 퇴근시간에 맞춰 공장 동료들에게 나눠주며 해고의 부당성과 노동조합의 필요성을 역설했다. 소식지를 받아가는 공장 노동자와 주민의 수가 눈에 띄게 늘어났다. 복직 투쟁과 함께 노동조합 설립을 본격적으로 추진해야 할 때가 왔다는 생각이 떠올랐다.

8
"여러분이 내게 가라고 하지 않는 한
내가 먼저 떠나지 않겠습니다"

해고되고 일주일이 지난 8월 15일, 나를 포함한 15명의 노동자들이 포항의 한 개척교회(형산교회)에 모여 풍산금속 안강공장 노동조합 창립 총회를 개최하고, 어용 집행부가 차지하고 있던 풍산금속 노동조합에 안강공장 지부 인준을 요청했다. 하지만 본부 노동조합은 지부 인준을 위한 대의원회 개최를 차일피일 미루었다. 지부 인준이 지연됨에 따라 매일같이 퇴근시간에 맞춰 읍내 우체국 앞 도로 가장자리로 늘어선 채 해고자 복직과 지부 인준을 위한 짧은 야간 집회를 이어갔다. 날이 갈수록 참여 인원이 기하급수적으로 늘어갔다.

이때가 내 인생에서 가장 치열했던 시절이 아니었나 싶다. 오후 3시 교대 퇴근조, 오후 6시 정시 퇴근조에 맞춰 나가 홍보물을 돌리고, 저녁식사를 한 후 독서토론회 회원이 거주하던 자취집으로 가 점검회의를 하고 다시 해고자들 중 가장 선배인 최원창 씨가 운영하던 포항 소재 옥탑 기타학원으로 돌아오면 자정이 다 되었다. 그 시각부터 다음날 돌릴 소식지를 만들었다. 자정부터 두세 시간 동안 초안을 작성한 후 새벽 두세 시쯤 글씨체가 예쁜 후배 해고자를 깨워 정서를 시켜놓은 다음, 잠깐 눈을 붙이고 새벽 5시에 일어나 소식지를 들고 안강에 있는 인쇄소까지 포항에서 택시로 가서 마스터 인쇄로 2천~3천 장을 찍었다. 그렇게 따끈따끈한 소식지를 아침 출근 시간에 맞춰 출근하는 동료들에게 돌렸다. 통근버스에 타자마자 모두 고개를 숙이고 소식지를 읽던 광경이 아직도 선명하다. 거의 한 달간 그 일에 매진했다.

2주쯤 지난 8월 23일, 여느 날과 같이 우리 해고자 3명은 택시를 타고 포항에서 안강으로 넘어가고 있었다. 그런데 도롯가에서 기다리던 사복 경찰관들에 의해 택시는 세워졌고, 우리는 납치되듯 체포돼 경주경찰서로 연행돼 갔다. 소식지를 함부로 뿌렸다고 무단 전단지 배포에 적용하는 경범죄처벌법 위반이 그 이유였다. 우리는 즉결심판에 넘겨져 유치장에서 닷새간의 구류형을 살아야 했다. 바로 그 기간 동안 임시 지부장 등 집행부 임원들이 해고자와 거리를 두고 친회사적인 태도로 돌아서 있었다. 안강공장 민주노조 설립에 위기가 찾아왔다. 좌고우면할 시간적 여유가 없었다. 유치장을 나오자마자 바로 열성 조합원들을 소집하고 '노조정상화추진위원회'를 구성했다. 그리고 본부 노동조합이 안강공장지부를 인준하는 즉시 지부장을 조합원 투표로 선출할 것을

거리에 핀 정의

1988년 8월 풍산금속 안강공장 부근 하천가에서 안강읍 읍민들이 지켜보는 가운데
핸드마이크를 들고 '부당 해고 철회'를 요구하는 집회에서 발언하는 모습

1988년 8월 회사 통근버스에서 내리는 안강공장 노동자들에게
'우리는 왜 해고되었는가'라는 제목의 소식지를 나눠주는 중에 뒷모습이 찍혔다.

공개적으로 제안했다. 인강공장 노동자들은 위원회의 제안에 전폭적인 지지를 보내주었다.

하루는 야간 집회를 마친 후 독서토론회 회원인 공장 동료의 자취집에서 대책회의를 하고 있을 때였다. 마당을 가득 메운 50여 명의 참여자 중 한 명이 손을 들고서 전혀 예상치 않은 질문을 던졌다.

"당신은 학출(대학 출신)로 우리와 다릅니다. 어려움이 닥치면 당신은 언제든 좋은 곳으로 떠날 수 있지만, 고등학교를 졸업한 우리는 그럴 수 없습니다. 그런데 우리가 당신을 어떻게 믿고 따를 수 있겠습니까?"

순간 크게 당황하지 않을 수 없었다. 잠시 정적이 흘렀다. 식은 땀이 배어나올 정도였다. 하지만 곧 정신을 수습하고 진심을 담아 말했다.

"여러분이 내게 가라고 하지 않는 한 내가 먼저 떠나지 않겠습니다."

더 이상 질문은 없었다. 그때부터 현장은 내게 떠나지 말아야 할 곳으로 마음에 새겨졌다. 동료들과의 약속인 동시에 나 자신과의 약속이기도 했다. 이날 우연히 내뱉은 이 한마디 말은 지금까지 선택의 기로에 설 때 내게는 '준엄한 기준'이 되었다. 평생 화두로 삼고 살아가야 할 나 자신과의 약속인지도 모른다.

9
해고자 복직 투쟁과 전원 복직

거의 한 달 가까이 읍내 집회 투쟁과 공장 앞 규탄 투쟁을 이어가자 본부 노동조합은 도리가 없었는지 대의원대회를 개최하고 안강공장 노동자들의 조합 가입과 안강공장지부를 승인했다.

그해 11월 12일, 전국노동자대회를 하루 앞두고 풍산금속 안강공장지부는 안강읍 공설운동장에서 서울 본사 상경 투쟁을 위한 전 조합원 결의대회를 가졌다. 안강공장지부는 그 자리에서 120여 명의 상경단을 꾸려 당시 풍산금속 본사가 입주해 있던 서울 충무로 소재 극동빌딩으로 올라갔다. 본사가 사용하던 12~13층 복도를 점거하고 노숙 투쟁에 돌입했다. 9일 동안의 점거 투쟁 끝에 해고자 4명 전원 복직, 해고 기간 동안의 임금 지급, 참여 조합원들에 대한 불이익 금지에 합의하고 공장으로 복귀했다. 노동조합 설립 후 첫 승리였다. 그해 12월 1일, 나는 품질

1988년 11월 풍산금속 안강공장 해고자 복직을 요구하며 조합원들과 함께 상경해 본사 사무실을 점검하던 중 회사 교섭 대표들과 교섭하는 모습

관리부 개발 담당으로 원직에 복귀하고, 병역특례를 이어가야 했던 관계로 노조 전임인 안강공장지부 사무장을 사임하고 교육선전부 차장에 임명되었다.

그러나 운명의 신이 복직을 시샘이라도 하듯, 같은 해 12월 중순경 풍산금속 본부 노조위원장이 안강공장지부 교섭대표들을 배제한 채 회사와 결탁해 은밀히 단체협약에 직권 조인하는 사태가 발생했다. 안강공장지부는 즉각 단체협약 합의 무효와 재교섭을 주장하며 파업에 돌입했다. 하지만 12월 28일경 노태우 정권은 '범죄와의 전쟁'을 선포하고 노동자들의 단체행동을 본격적으로 탄압하기 시작했다. 풍산금속 노동조합 안강공장지부는 그 첫

거리에 핀 정의

희생양이 되었다.

1989년 1월 1일 오전 9시경, 파업 지도부의 일원이었던 나는 차갑게 부서지는 아침 햇살을 바라보며 풍산금속 안강공장을 빠져나왔다. 새해가 되면 꼭 집에 들르겠다는 아버지와의 약속을 지키기 위해서였다. 그런데 안강공장을 나온 다음날 아침 7시, 경북 상주 함창읍 소재 부모님 집에서 아닌 밤중에 홍두깨마냥, 이날 새벽 4시 전국에서 소집된 5천여 경찰 병력이 안강읍에 배치되고 상당수 병력이 안강공장 내로 진입해 연휴를 맞아 공장 내에 잔류하고 있던 안강공장지부의 파업 지도부를 연행해 갔다는 충격적인 소식을 듣게 되었다.

부랴부랴 시외버스를 타고 안강을 향하던 중 버스의 라디오 스피커에서 나 또한 지명 수배되었다는 뉴스가 흘러나왔다. 나는 포항 시내로 들어가 도피 생활을 하다 좁혀 오는 형사들의 포위망을 피하지 못하고 일주일 만에 포항 시내 음식점에서 체포되어 경주경찰서 유치장에 구속되었다. 먼저 체포된 7명의 집행부 동지들과 합류하게 된 셈이다. 우리는 경찰 조사를 받은 후 경주교도소로 이감되었고, 1심 재판에서 나는 파업을 주도했다는 이유로 업무방해죄, 노동쟁의조정법 위반 등의 죄명으로 1년 6개월의 징역형을 선고받았다. 이후 나는 대구구치소를 거쳐 전남 장흥교도소에서 징역살이를 마쳐야 했다.

경주교도소에 구속되어 재판을 받고 있던 그해 1월 말경, 나는 파업 지도부에 속했던 노동조합 간부 24명과 함께 징계위원회에 회부되어 해고되었다. 그때부터 25명의 노동조합 간부들은 안강 공장 외곽 초소 안으로 발을 들여놓을 수 없는 경계 1호의 인물이 되었다.

10
수배와 구속, 그리고 오갈 데 없는 신세

1990년 7월 21일경 장흥교도소에서 만기 출소한 후 그해 8월 11일 포항 죽도성당에서 서둘러 아내랑 결혼식을 올리고, 포항에 신혼집을 차렸다. 그러나 신혼의 단꿈은 언감생심, 같은 해 8월 말경 병역특례 중 해고되었다는 이유로 병무청에서 입영영장을 발부했고, 당시 진행 중이던 풍산금속 동래공장의 파업을 배후 조종하고 있다는 이유로 그해 9월 초 관계기관 대책회의에 의해 지명수배 명단에 올랐다. 공안 당국이 나를 조합원들에게서 격리하려 갖은 수단을 동원한 것이다. 6개월가량 수배 생활을 하던 중 1991년 2월 6일 대구역에서 내부자의 제보로 그곳에 미리 잠복해 있던 경주경찰서 체포 전담팀에 의해 검거되었다. 경주교도소에서 업무방해죄, 폭력행위등처벌에관한법률위반죄, 병역법위반죄 등의 죄명으로 징역 2년형을 선고받고, 군산교도소로 이감

1993년 전해투의 일원으로 복직 투쟁을 벌이던 시절의 모습

되어 그곳에서 2년을 꼬박 복역한 후 1993년 2월 6일 만기 출소
했다.

출소 후 같은 해 3월 결성된 전해투(전국 구속·수배·해고노동자
원상회복 투쟁위원회)의 일원으로 2년 가까이 서울과 포항을 오가
며 복직 투쟁을 벌였다. 그러나 역부족으로 별다른 성과를 얻지
못한 채 복직 싸움을 접게 되었다. 동료들은 미안해했으나 연거
푸 이어진 직권 조인으로 노동조합의 단결력은 급속도로 약화되
었고, 약화된 노동조합은 더 이상 나를 잡아주지 못했다.

나는 노동조합을 만드는 과정에서 한 번, 노동조합을 만들어
복직한 후 단체협약 투쟁 과정에서 또 한 번, 한 회사에서 두 번
해고를 당하고, 두 번 구속되었다. 그로 인해 보안사 사찰 명단에

거리에 핀 정의

도 요주의 인물로 포함되었고, 사찰 대상이 되었던 터라 다른 회사에 취업하는 것은 불가능해 보였다. 복직 투쟁을 하는 동안 잠시 몇 개월 학원 강사도 해보았으나 체질에 맞지 않았다. 인생을 다시 한 번 설계해야 할 시점이었다.

11
사법시험 도전과 합격

　향후 생활 대책과 진로를 모색하던 중 우연히 사법고시 2차 시험을 준비하고 있던 문경학우회 선배의 집을 방문하게 되었다. 선배에게 진로와 관련한 고민을 얘기했더니 대뜸 사법시험을 준비해보는 것이 어떻겠느냐고 했다. 그러면서 세 가지를 물어보았다. 생계 책임 여부와 아이큐와 엉덩이 무게. 아이큐는 중간 정도였고 엉덩이 무게는 자신 있었다. 다만 한 가지, 생계를 어떻게 책임질 것인가가 문제였다. 아내와 상의한 끝에 3년의 기한을 정해 사법시험에 도전해보기로 했다.

　1995년 11월 아버지의 고향이자 아내의 고향이기도 한 포항에서의 생활을 정리하고 서울 강서구 화곡동에 위치한, 장모님이 홀로 기거하고 계시던 전셋집으로 상경했다. 아내는 이삿짐을 실은 5톤 트럭 앞자리에 돌이 갓 지난 딸아이를 안고 앉아 연신 뒤를 돌아보며 하염없이 눈물을 흘렸다. 서울에서 아내가 취업해 생계를 꾸리기로 하고, 나는 이듬해인 1996년부터 경기도 광주에서 건재 상회를 하던 큰누님 댁으로 가 그곳에서 숙식을 하며 사법시험 공부를 시작했다.

나는 되도록 음식을 적게 먹는 편이다. 소식을 하는 데는 특별한 계기가 있었다. 큰누님 댁에서 나 홀로 독학하던 것을 중단하고 서울 신림동 고시촌으로 옮겨 고시학원을 다니며 공부하던 어느 날이었다. 점심밥을 먹고 학원으로 가 오후 수업을 듣는데 몹시 졸렸다. 비몽사몽 졸다가 눈을 떠보니 수업이 다 끝나 있었다. 식곤증에 빠져 4시간가량의 오후 수업을 모두 망쳐버린 것이다. 어이가 없었다. 그때부터 밥 양을 3분의 2 정도로 줄였다. 식당에서 밥을 먹기 전 식기의 밥을 미리 3분의 1 정도 밥그릇 뚜껑에 덜어내고 먹기 시작했는데 몸도 가벼워지고 정신도 맑아졌다. 그 후 식곤증 현상이 없어졌다. 아침에 일어나 운동장이나 산길로 30분 이상 조깅을 하는 것도 지속했다. 조깅을 하며 땀을 흘리고 나서 샤워를 하면 몸도 마음도 가벼워지고 하루가 행복해진다. 이 글을 읽는 여러분도 한번 해보기를 권한다.

1997년 5월 9일에 둘째인 아들이 태어났고, 1998년에 사법시험 1차에 합격했다. 시험을 준비한 지 만 3년이 되는 1999년 12월 초순 어느 날 오전이었다. 집에서 걸레로 방을 닦고 있던 중 같은 시험을 쳤던 문경 고향 선배에게서 제41회 사법고시 2차 시

2007년 5월 민변 노동위원장을 재임하던 중 제주도를 가족과 함께 다녀왔다.

험에 본인도 나도 합격했다는 전화 연락을 받았다.

'아! 합격이다. 내 나이 서른여섯, 이제 다시 새로운 인생이 시작된다'는 생각에 뛸 듯이 기뻤다. 당시 함께 계시던 장모님에게 합격 소식을 전하자 내 두 손을 잡고 하염없이 눈물을 흘리셨다. 직장에서 근무 중이던 아내에게도 합격 소식을 전했더니 담담한 목소리로 "수고했어요"라고 축하해주었다. 아내의 기쁨이야 어찌 말로 표현할 수 있었을까. 하지만 그 기쁨은 그리 오래가지 못했다.

2000년 3월 사법연수원에 입소를 했고, 반에서 나이가 많은 축에 들었던 터라 31기 6반 B조 조장을 맡았다.

거리에 핀 정의

3부

—

서울 시절,
민주사회를 위한 변호사모임 : 2002~2017

1
변호사란 무엇일까?: 민주노총 법률원 초대 원장

내가 거리로 나서게 된 계기는, 앞서 소개했듯이 대학 신입생 시절 '전두환 살인 정권 타도'를 외치다 피 흘리며 끌려가던 현실을 목격하면서부터다. 나는 교실이 아닌 아크로폴리스 계단에서, 최루탄과 짱돌이 뒤엉킨 정문에서, 서울 시내의 거리에서 민주주의를 외치는 소리를 들었고 군홧발과 곤봉으로 시위대를 탄압하는 현실을 목격했다. 거리가 민주주의를 둘러싼 전쟁터였고 민주주의를 배우는 학교였다. 이후 금속 회사의 기술직 노동자를 거쳐 법조인이 되어서도 계속 거리에 나서게 된 것은 변호사로서의 사명과 연관되어 있다. 아니, 좀 더 솔직히 말하면 부당한 현실과 불의에 대한 분노 때문이었다.

내게 있어 변호사란 무엇이었을까? 막연했지만 어렴풋이, 부당하고 억울한 일을 보고 듣고 그것을 이해하고 대변하는 일일

거라고 생각했다. 한참 나중에 알게 된 일이지만, 변호사법 제1조
에 이미 명료하게 변호사의 목적을 정해두고 있었다.

'변호사는 기본적 인권을 옹호하고 사회정의를 실현함을 사명
으로 한다.'(법 제1조 제1항)

변호사의 일차적인 사명은 돈벌이를 위한 비즈니스가 아니라
인권을 옹호하고 사회정의를 실현하는 것이고, 변호사의 임무는
처음부터 불의와 부당성에 맞서는 것이라고 법 자체에서 정의를
내려두고 있다. 그런데 부당하고 억울한 일이 발생하는 곳은 법
정으로 국한되지 않는다. 직접적으로 인권이 침해되는 곳은 현장
이고 거리였다. 사용자에 의한 노동권 침해가 일어나는 곳은 사
업장이고, 공권력에 의한 물리적 폭력과 위법한 체포가 이뤄지는
곳은 거리였다. 표현의 자유가 침탈되는 곳은 공공의 장소였고,
부정한 대선 개입이 일어나는 곳은 국정원 직원이 임시로 거주하
던 숨겨진 아지트였다.

인권을 옹호하려면 인권 침해에 대한 사후적인 구제도 필요하
고 중요하다. 하지만 인권 침해가 발생된 후의 사후 구제는 사후
약방문인 경우가 많다. 왜냐하면 인권 침해로 생긴 상처는 잘 회
복되지 않기 때문이다. 최선은 인권 침해를 사전에 예방하는 것
이요, 현실적으로 방어하는 것이다. 그러기 위해서는 인권 침해
가 발생하는 곳으로 가야 한다. 인권 침해 현장에서 어떻게 맞설
수 있을지 함께 고민해야 한다. 그러지 않으면 주먹은 가깝고 법
은 멀다는 속담이 지속될 수밖에 없다.

거리에 핀 정의

2002년 1월경 2년간의 사법연수원(31기)을 수료할 무렵 다시 선택의 기로에 서게 되는 계기가 발생했다. 서울 서초동 소재 한울합동법률사무소에 취업하기로 하고 사무실로 면접을 보러가던 날 아침, 버스 안에서 민주노총 조직실에서 법규차장으로 근무하던 권두섭 변호사에게서 한 통의 전화를 받았다. 면접에 앞서 잠시만 만나자는 거였다. 그는 커피숍에 마주 앉자마자 '민주노총 법률원 설립 기획안'을 내놓으며 법률원 설립을 제안하고 돌아갔다.

애초 구상은 3년가량 일반 변호사로 일하면서 소송 기술도 배우고 그동안 고생한 아내를 위해 돈도 벌겠다는 것이었다. 하지만 이 구상은 '민주노총 법률원 설립의 필요성'이라는 대의 앞에서 심하게 흔들렸다. 무려 3주 동안 아내 눈치를 보며 속앓이를 했다. 침묵으로 일관하던 아내가 마침내 한마디 했다.

"어휴, 이 화상아! 내가 당신을 어찌 말리겠노. 당신 알아서 해라."

우회적인 승낙이었다. 아내 표현을 빌리자면 '손에 들어온 떡을 스스로 놓아버린' 셈이었다.

2002년 1월, 결국 한울합동법률사무소 취업을 포기하고 강문대(사법연수원 29기, 현 청와대 사회조정비서관), 권두섭(29기, 현 민주노총 법률원 대표), 김영기(31기, 현 다산법무법인 변호사)와 함께 민주노총 법률원 설립 준비에 들어갔다. 그리고 2월 1일 민주노총 법률원 출범 기자회견을 갖고 변호사 생활을 시작했다. 나는 초

2002년 2월 민주노총 법률원장으로 출근한 새내기 변호사 시절의 모습. 당시 단병호 민주노총 위원장 등 구속 노동자들의 석방을 촉구하는 데 앞장섰다. **사진 시사인**

대 법률원장을 맡게 되었는데, 권두섭 변호사에 따르면 내 노동 운동 경험과 연륜이 두루 고려되어 처음부터 법률원장으로 정해졌다고 한다. 이후 4년가량 법률원장을 맡았다. 기술직 노동자로 사회생활을 시작한 나는 풍산금속 안강공장 현장 동료들과의 약속을 지켜야 한다는 부채 의식을 갖고 변호사가 되었고, 결국 민주노총 법률원 설립에 참여해 노동변호사의 길을 가게 되었다.

2002년 발전노조 38일 파업과 전화 접견

법률원이 설립된 지 얼마 지나지 않은 2002년 2월 26일, 공기업 민영화에 반대하는 철도, 가스, 발전 등 3사 노동조합의 연대 파업을 마주하게 되었다. 철도와 가스는 파업 직후 합의가 이뤄져 파업 하루 이틀 만에 복귀했으나, 당시 정부의 발전소에 대한 민영화 의지가 강해 발전노조만이 남아 38일 동안 장기 파업을 전개해야만 했다. 내가 변호사로서 담당한 첫 사건이 바로 '발전노조 38일간의 파업'이었다.

발전노조 파업에는 5천여 명의 조합원들이 참여했는데, 파업 전술은 전례가 없던 산개 파업 방식이었다. 산개 파업이란 한곳에 모여 벌이는 직장점거 파업 방식과 대조되는 것으로 5~10명이 한 조를 이뤄 조장의 통솔하에 유랑을 하면서 벌이는 파업을 말한다. 산개 방식을 택한 이유는 당시 정부와 검경이 파업 참여 조합원들을 체포하는 즉시 발전소로 복귀시키려고 안간힘을 쓰고 있었기 때문에 조합원들이 체포되지 않기 위한 전술이었다. 발전소로 복귀하는 조합원들이 많아지면 파업 효과가 축소될 뿐 아니라 파업 참여 조합원들이 크게 위축될 것이 명백했다. 반면 대다수 조합원이 발전소를 이탈한 상태라서 발전기가 언제 멈춰 설지 모른다는 우려가 팽배했다. 그 결과 파업이 진행되는 3월 내내 전국 각지에서 발전노조 조합원들이 체포되고 연행됐다는 소식이 끊이지 않고 올라왔다.

당시 나는 발전노조 담당 변호사로서 발전노조 상황실에서 취합한 소식을 제일 먼저 접할 수 있었다. 출근하면 언제나 10~20명에 달하는 연행자 명단이 책상 위에 올라와 있었는데, 어제는 강릉, 오늘은 수원, 내일은 삼천포 등 이런 식이었다. 많을 때에는 하루에도 여러 차례 전국 곳곳에서 연행되었다는 소식이 전달되었다. 발전노조 담당 변호사는 나 한 명이었고, 법률원 변호사들을 모두 합쳐도 4명이었기에 전국 곳곳에서 발생하는 연행자들을 경찰서로 찾아가 접견한다는 건 처음부터 불가능한 일이었다.

그래서 생각해낸 것이 '전화 접견'이었다. 조합원들이 연행된 경찰서 수사2계(노동·공안·시국 사건 담당 부서, 현재는 지능팀으로 이름이 바뀜)에 먼저 전화를 해 수사2계장을 찾았다. 조합원들을 연행한 이유와 죄명, 인원수를 묻고, 파업 노동자를 현행범으로 체포한 것의 부당성을 지적한 후, 연행된 조합원 중 대표자를 바꿔달라고 요구했다. 연행된 조합원과 전화 통화를 하면서 이미 서울에서도 체포된 사실을 알고 있으니 위축될 필요가 없다고 안심시켰다. 그리고 진술거부권 등 피의자의 권리를 설명하고 유도심문에 응답할 필요가 없음을 자세히 알려주었다. 나아가 경찰 조사관이 '업무복귀서'라는 서류를 내밀며 서명하지 않으면 구속할 거라고 협박해도 겁먹지 말고 '노사 관계에서 중립을 지켜야할 공무원이 직권을 남용해서 되겠느냐'고 항의하고, 계속 그러면 '변호사와 상의해 법적 대응을 하겠다'라고 맞대응을 하도록 요청했다. 마지막으로 이 내용을 함께 연행된 조합원들과 공유할 것을 당부했다.

문제는 경찰서로 전화해 연행된 조합원을 바꿔달라고 요구하면 전화를 받은 경찰관에게서 "당신이 변호사인지 어떻게 아냐?"

"왜 조합원을 바꿔줘야 하나?" "수사 중이므로 전화를 바꿀 수 없다" 등 냉담한 대답을 듣기 일쑤라는 것이다. 하지만 담당 변호사로서 경찰관의 비협조적인 태도에 물러설 수는 없는 노릇이었다. 수사계장이 안 된다고 거부하면 수사과장을 찾고 수사과장이 거부하면 경찰서장을 찾았다. 결국 끈질긴 놈이 이긴다. 이렇게 해서 전화 접견을 100퍼센트 성공시켰다. 그 때문에 발전노조 조합원들은 모두 내 휴대폰 번호를 지니고 있었고, 전화 접견 덕분에 나는 5개 발전회사에서 가장 유명한 인사가 되었다.

348명 해고자의 복직 투쟁과 "타 넘어"

발전노조와 조합원들은 38일간 파업을 하고 현장으로 복귀했으나 그 후유증은 상상을 초월했다. 이호동 노조위원장 등 노동조합 간부 십수 명이 구속되었다. 348명의 노조 간부 및 열성 조합원들이 해고되고 파업에 참가했던 수천 명의 조합원들이 징계 절차에 회부되었다. 동시에 발전회사는 노동조합과 조합원들을 상대로 400여 억 원에 이르는 가압류와 손해배상 소송도 제기했다. 그 여파에 현장으로 복귀한 조합원들은 숨소리도 제대로 내지 못할 만큼 심리적으로 크게 위축되었다.

조합원들의 현장 복귀 후 해고 노동자들이 처음 모인 자리에서 나는 발전노조 집행부와 해고 노동자들에게 다음과 같이 단호히 요구했다.

"소송은 법률원 변호사들이 최선을 다해 방어할 테니 변호사들에게 맡겨두고, 여러분은 해고자 복직 투쟁위원회를 구성해 대내외적으로 해고와 징계의 부당성을 폭로하고 노동조합을 탄압하는 행위에 맞서 싸워 주십시오. 여러분들의 권리 구제를 전적으로 소송에 의탁하게 되면 여러분 중 일부는 구제될지 모르지만 노동조합은 결국 무력화되고 교섭을 통한 집단적 해결은 불가능하게 됩니다. 그러므로 해고자들의 복직 투쟁을 통해 위축된 현장 분위기를 전환하고 노동조합의 조직력을 회복해야 합니다."

발전노조 조합원 교육을 위해 당진화력발전소에 해고자들과 함께 방문했을 때의 일이다. 발전소에서는 철문을 닫아걸고 나와 해고자들의 출입을 차단했다. 외부인이므로 국가 주요 시설인 발전소에 들어올 수 없다는 것이다. 나는 노동조합의 초청을 받아 조합원 교육을 위해 방문한 것이고 해고자들 역시 조합원 자격을 갖고 있으므로 교육 장소까지의 출입을 위해 문을 열어줄 것을 요구했다. 하지만 그들은 '권영국'이기 때문에 더욱 안 된다고 했다. 하물며 그들은 넥타이도 매지 않고 운동화를 신고 나타난 나를 보고 변호사의 복장이 왜 그 모양이냐고 조롱했다. 나는 노동조합의 초청을 받은 강사이니 마땅히 교육 장소에 출입해야 하고, 해고자들 역시 조합원 신분을 유지하고 있으므로 노동조합 사무실과 교육 장소 출입은 허용돼야 한다고 다시 설명했다. 그리고 노동조합 초청 강사의 출입을 막는 행위는 조합원 교육을 방해하는 행위로서 부당노동행위에 해당되므로 처벌 대상이라고 경고했다. 그러나 노무관리 직원과 경비들은, 자신들은 그런 것에 대해 알지 못하고 위에서 지시한 대로 할 뿐이라며 막무가내로 출입을 막았다. 마침내 나는 굳게 닫힌 철문을 부여잡고 기어오르기 시작했다. 그리고 철문 앞에서 나를 바라보고 있던 해고자들에게 소리쳤다.

"타 넘어!"

나와 해고자들이 철문 위로 올라가자 노무부서 직원과 경비들은 우리들이 철문 안쪽으로 내려오지 못하도록 안간힘을 썼다. 그때 마침 사내 식당에서 초빙 강사가 오기를 기다리다가 사정을 전해들은 조합원 수백여 명이 무리를 지어 정문 쪽으로 걸어 나왔다. 철문을 사이에 두고 힘겹게 싸우고 있는 모습을 목격한 조합원들은 닫힌 철문을 열어젖히고 해고자들과 나를 철문 안으로 맞아들였다.

이날의 싸움은 해고자들과 조합원들에게 큰 용기를 준 것으로 평가되었다. 이날 사건으로 두 가지를 얻었다. 나는 '타 넘어'라는 별명을, 해고자들은 자신의 권리가 침해될 때 어떻게 싸워야 하는지를 알게 되었다.

다른 한편으로 나는 해고자들에게 한 약속을 지키고자 구속된 노조 간부들을 위해 형사변론을 맡고 파업에 대한 손해배상 소송에서도 최선을 다했다. 재판이 있기 전날에는 거의 밤을 꼬박 새우다시피 하며 서면을 준비했다. 구속된 노조위원장과 노조 간부들이 1심에서 전원 집행유예로 석방되었다. 발전회사들이 제기한 수백억 원의 손해배상 소송에서도 손해의 유무에 대해 치열히 공방을 벌였고, 그 결과 파업으로 인한 손해가 있다고 볼 수 없으므로 회사의 청구를 기각한다는 판결을 이끌어냈다. 노조 간부들이 전원 석방되고 손해배상 소송에서 승소함에 따라 이후 노동조합은 조직력과 현장 투쟁력에서 빠른 회복을 보였다. 해고자들의 복직 투쟁을 중심으로 현장 투쟁력이 회복되면서 회사에 대한 노동조합의 교섭력은 크게 높아졌고, 해고무효 소송에서의 승패에 상관없이 집단적 교섭을 통해 348명의 해고자들 중 노조위원장(이호동)을 제외한 모든 해고자가 복직되기에 이르렀다.

민주노총 법률원장을 역임하면서 내게는 지켜야 할 원칙이 있었다. 누구를 만나든 그 장소가 어디든(경찰서이든 법정이든) 관계없이 민주노총을 대변하는 변호사로서 '언제나 당당함을 잃지 않아야 한다'는 것, 그리고 '논쟁에서 결코 물러서지 않는다'는 것이었다. 나의 자세가 흐트러지면 민주노총을 욕보이게 된다는 생각 때문이었다.

경찰서 접견을 갔을 때 조합원의 손에 수갑이 채워져 있으면 접견에 앞서 수갑과 포승부터 해제할 것을 요구했다. 도주할 우려나 자해할 위험이 없는데도 수갑을 채우는 것은 신체의 자유를 침해하는 것이다. 더욱이 경찰관에게 변호인 접견을 요청했는데도 이를 묵살하고 수사를 진행할 때에는 조사받는 조합원에게 묵

비권을 행사하도록 해 수사를 중단시켰다.

주말 서울 시내에서 대규모 노동자 집회가 있을 때마다 민주노총 법률원 변호사들은 늘 긴장해야 했다. 당시 대부분의 집회에서 경찰과 충돌이 벌어져 다수의 연행자가 발생했으니 연행자 접견을 위해 집회 현장이나 사무실에서 대기했던 것이다. 휴일도 반납한 초대 법률원 변호사들의 노력에 힘입어 집회 및 시위 현장을 비롯한 투쟁 현장에서 체포·연행자가 발생했을 때 민주노총 법률원과 민주사회를 위한 변호사모임(민변) 변호사들을 중심으로 경찰서 접견이 일상화되기 시작했다.

영등포구치소 재소자 폭행 사건의 민간조사관

민주노총 법률원장 재직 당시 잊을 수 없는 또 하나의 사건이 있다. 2004년 영등포구치소에서 교도관이 노동사건으로 구속된 재소자를 폭행하는 사건이 발생했다. 피해자가 속해 있던 노동단체는 구치소 앞에서 규탄 집회를 이어가며 재소자 폭행 사건의 진상을 규명하고 책임자를 처벌할 것을 요구했다. 당시 노동계는 강금실 법무부장관과의 면담을 성사시켜, 영등포구치소 재소자 폭행 사건을 다룰 민관 합동조사단을 구성하고 진상을 조사하겠다는 약속을 받아냈다. 민관 합동조사단은 총 6명으로 구성하되 4명은 법무부 교정국에서 파견하고, 2명은 민간인을 추천받기로 했다. 민주노총에서는 내게 민간조사관으로 참여해달라는 요청을 해왔고, 다른 한 명은 김덕진 천주교인권위원회 간사가 추천되었다. 법적 구속력이 없는 민관 합동조사단으로 재소자 폭행의 진상과 관련자들을 제대로 밝혀낼 수 있을지 걱정이 앞섰다. 하지만 민주노총 법률원장으로서 법무부 교정 당국에 흐트러진 모습을 보여서는 안 되며, 수적으로 우세한 법무부 조사관들에게 끌려가서도 안 된다는 각오를 다졌다.

그래서 두 가지 원칙을 세웠다. 하나는 조사가 끝날 때까지 파견된 법무부 공무원들과 회식이나 사적인 자리를 갖지 않는다, 다른 하나는 조사 대상인 영등포구치소 소장 이하 교도관들이 임의로 조사실을 출입하는 것을 금한다는 것이었다.

조사는 영등포구치소 내에 임시로 마련된 조사실에서 3인 1조(법무부 교정국 공무원 2인과 민간조사관 1인) 두 개조로 나눠 3주간 진행됐다. 나는 당시 독수리 타법으로 자판을 두드려야 할 정도로 컴퓨터를 다루는 솜씨는 완전히 초보 수준이었는데, 느린 타이핑 속도를 보완하려고 구치소에서 퇴근하는 대로 귀가해 미리 서류 내용을 검토하고 다음날 질문할 사항과 예상되는 답변을 모두 타이핑해서 준비했다. 그리고 조사 과정에서 예상과 다른 진술이 나오면 수정해나가는 방식을 썼다. 미리 조사할 사항과 내용을 준비해간 덕분에 법무부 조사관들을 내용적으로 주도해나갈 수 있었다.

감시의 사각지대에 있는 구치소라는 특성, 폭행 가담 교도관들의 물적 증거 폐기, 그리고 파견된 법무부 조사관들의 미온적인 태도로 인해 교도관들의 폭행 혐의를 개별적으로 모두 밝혀내는 데는 실패했다. 하지만 교도관들에 의한 재소자 폭행 사실을 부인할 수 없게 만들었고, 그 결과 영등포구치소 소장과 보안과장을 포함해 수명의 교도관들에 대해 관리 및 가담 책임을 물어 견책 등의 징계처분을 이끌어냈다. 당시 영등포구치소 소장과 보안과장 등은 다른 곳으로 전보되었고, 영등포구치소의 분위기가 이전과 판이하게 달라졌다는 말을 출소한 재소자에게 전해 들었다. 재소자를 대하는 교도관의 태도부터 달라졌다는 것이다.

3년 6개월가량 노동변호사로서 민주노총 법률원장의 직을 수행했다. 민주노총 법률원장은 당연직 상임집행위원이자 중앙집행위원이었기 때문에 민주노총의 각종 회의와 운영 방침의 결정에도 활발히 참여했다. 의견이 다른 경우에는 민주노총 집행부에 대한 문제 제기도 주저하지 않았다.

2004년 연수원 33기 변호사 4명이 법률원에 연수를 왔다가 추가로 채용되었다. 당시 법률원의 재정에 비춰볼 때 한 해 한두 명 정도를 수용할 수 있는 정도였으나, 연수에 참여한 4명을 다 받아주지 않으면 아무도 오지 않겠다는 '협박 아닌 협박'에 밀려 법률원의 변호사 수가 갑자기 두 배로 늘어나게 되었다. 게다가 당시 수임료를 받지 못하는 사건이 점점 더 늘어나면서 법률원의 재정 문제에도 빨간불이 켜졌다. 나는 재정 문제를 타개할 이렇다 할 해결 방도를 제시하지 못하는 책임감 때문에 사직서를 제출했다. 당시 이수호 민주노총 위원장은 나의 사직서를 두 번이나 반려하며 사직을 만류하려 했다. 2005년 8월 말경 세 번째 사직서를 제출하고야 비로소 수용되어 민주노총을 떠나게 되었다.

그래도 법률원장 재직 중이던 2004년부터 2007년까지 민변 노동위원회 부위원장직을 맡으면서 법률원 사직 이후에도 노동 현안과 관련한 각종 기자회견과 집회, 토론회에 지속적으로 참여했다.

2
해우법률사무소와 사용자 대리를 하지 않겠다는 약속

반년간 휴지기를 거친 후 2006년 2월 1일, 서초동에서 두 명의 후배 변호사와 함께 해우법률사무소를 개업했다. 민주노총 법률원을 나오기는 했으나 '노동변호사'라는 인식이 퍼져 있었기 때문에 찾아오는 대부분의 사건이 해고와 임금, 노동조합 활동과 파업으로 생긴 분쟁 등과 관련된 노동사건이었다. 개업 후 3년 동안 150여 건의 노동사건을 맡아 재판을 진행했다.

나는 종종 강연 초청을 받기도 했는데, 강연 내용으로 노동변호사가 지녀야 할 5계명을 만들어 소개했다.

1. 경찰, 검사, 판사 앞에서 당당하고 사용자를 대리하는 법률가 집단을 압도한다.

2. 실정법, 그리고 판례에 매몰되지 않는다.

3. 노동삼권의 기원과 노동운동의 역사를 공부해 노동 기본권

2006년 9월 11개월간 이어진 대학노조 한국외국어대학교지부 파업 현장에서 "저는 지금부터 변호사를 그만둘 때까지 사용자 대리를 하지 않겠습니다"고 발언하는 모습

을 체화하고 실천한다.

4. 노동변호사는 노동과 투쟁 현장을 자신의 삶과 업무 공간
   으로 인식한다.

5. 깨어 있는 시민으로서 정치사회 문제에 폭넓게 참여하고
   연대함으로써 민주주의와 사회 진보의 대열에 앞장선다.

해우법률사무소를 개업한 2006년 또한 잊을 수 없는 해였다. 그해는 당시 대학노조 중 조직력과 단결력이 가장 단단한 곳으로 알려진 한국외국어대학교지부에서 무려 11개월간이나 장기 파업을 벌이는 사태가 발생했다. 한국외국어대 출신의 교수가 총장으로 취임했는데 단체협약을 해지하고 노조 간부를 징계하는 등 노동조합 탄압 의사를 노골적으로 드러냈다. 이에 대학노조 한국외국어대지부는 학교 당국의 노동조합 탄압과 무단협 상태에 맞서 그해 4월부터 전면 파업을 전개할 수밖에 없었다. 그런데 파업 기간이 길어지자 '무노동 무임금' 원칙에 따라 조합원들 생계는 바닥나고 이런 약점을 노린 학교 당국이 노동조합 탈퇴를 압박하면서 조합원들이 흔들리기 시작했다.

파업 기간이 4~5개월 지나갈 무렵 나는 한국외국어대지부 간부로부터 연락을 받았다. 조합원들의 동요가 매우 심각하니 와서 조합원들이 힘을 낼 수 있도록 격려의 말을 해달라는 요청이었다. 파업 현장으로 달려가겠다고 대답은 했으나 '무노동 무임금'으로 생계 파탄에 직면한 170여 명의 파업 조합원들을 무슨 말로 격려할 수 있을지 머릿속이 깜깜했다. 파업 조합원들이 모인 대학교 내 광장으로 달려가 소개를 받고 마이크를 잡았다. 그리고 찬찬히 파업 조합원들의 표정을 살펴보았다. 내게 연락을 준 노조 간부의 우려처럼 조합원들의 눈빛은 눈에 띄게 어둡고 지쳐 있었다. 가슴이 덜컥 내려앉는 느낌이었다. 파업 조합원들의 표정을 살피고 난 후 나는 조용히 말했다.

"여러분, 옆 동료의 손을 잡으십시오."

조합원들은 마지못해 손을 잡았다. 손을 잡은 탓인지 조합원들의 눈은 흔들리고 있었다. 나는 조합원들에게 "여러분, 힘드시죠?"라고 물었다. 아무런 대답이 없었다. 안타까운 마음이 밀려왔다. 나는 진심으로 뭔가 격려가 될 만한 말을 해주고 싶었다.

"여러분이 얼마나 힘들지 저는 상상하기 어렵습니다. 생활고의 압박을 저로서는 감히 짐작도 할 수 없습니다. 다만 여러분이 지금 손잡고 있는 동료를 믿고 힘을 내준다면 저도 여러분에게 약속을 하나 드리겠습니다."

잠시 호흡을 가다듬은 후 이렇게 말했다.

"여러분이 동료를 믿고 이 싸움을 포기하지 않는다면 저는 지금부터 변호사를 그만둘 때까지 (노사 분쟁 사건에서) 사용자 대리를 하지 않겠습니다."

이 말을 하고 나자 조합원들의 분위기가 일변했다. 손해를 함께 감수하겠다는 공감대 때문이었는지 우레와 같은 박수가 터져 나왔다. 말을 하고 나서 '아차' 하는 생각이 들었지만 한번 뱉은 말을 주워 담기에는 이미 때가 늦었다. 이 말 때문은 아니었겠지만 한국외국어대지부는 파업을 중도에 포기하지 않았고, 전보다 후퇴한 내용이기는 했으나 다시 단체협약을 체결하고서 파업을 마무리했다는 소식을 전해주었다. 학교 당국의 총체적인 노동조합 탄압을 이겨내고 민주노조를 지켜낸 것이다.

나는 어려운 상황에서도 동료에 대한 믿음을 갖고 싸움을 포기하지 않았던 파업 조합원들을 기억하며 사용자 대리를 하지 않겠다고 한 약속을 지키고 있다. 풍산금속 안강공장 시절 "여러분이 내게 가라고 하지 않는 한, 내가 먼저 떠나지 않겠습니다"라고 한 약속에 이은 두 번째 약속이었다.

3
국민이 부르면 어디든 간다: 최장기 민변 노동위원장

2008년 '기업 비즈니스 프렌들리'라는 구호 속에서 등장한 이명박 정권은 노골적으로 기업 편향적인 노동정책을 추진했을 뿐 아니라 노동조합 탄압을 대대적으로 강화해나갔다. 민변 내에서도 정권의 노동탄압정책에 맞서는 강한 노동위원회의 출범이 요구되고 있었다. 회원들은 노동위원회 부위원장직을 맡고 있던 내게 위원장직을 제안했다.

2008년 5월 민변 노동위원회 위원장으로 추대되었고 그때부터 2014년 5월까지 2회의 연임을 거치며 6년 동안 노동위원장을 맡았다. 현재까지 민변 역사상 '최장기 집권' 위원장인 셈이다. 노동위원회 위원장으로 처음 임명되었을 때, 민변 총회장에서 회원 변호사들에게 "나는 노동자들과의 소통과 연대를 강화하고 현장 중심의 활동을 벌여나가겠다"고 약속했다. 그리고 '국민이 부르면 어디든 간다'는 소명감으로 일정이 겹치지 않는 한 사양하지 않고 기자회견과 집회 현장, 그리고 투쟁 현장에 참여했다. 실제 어떤 시기에는 '기자회견 전문 변호사'라는 농을 건넬 만큼 기자회견 최다 참여를 기록하기도 했다. 소위 '이명박·박근혜' 정권에 맞서 민변 노동위원장으로서 노동자들이 탄압받는 곳이면 그곳이 거리든 투쟁 현장이든 가리지 않고 찾아갔다.

2008년은 이명박 대통령이 대통령에 취임한 해로 이때부터 집회와 시위에 대한 경찰의 대응이 공격적으로 바뀌면서 공권력과의 충돌이 잦아졌다. 그해 5월 민변 노동위원장으로 임명되어 마주친 사회적 의제가 한미자유무역협정 체결에 앞서 진행된 미국산 쇠고기 수입 합의를 둘러싼 논란이었다. 5월 말, 중고등학생들로부터 촉발된 '미국산 광우병 쇠고기 수입 반대' 촛불집회가 들불처럼 타올랐다. 경찰은 시위대가 청와대로 향하는 것을 막기 위해 이순신 동상 앞 광화문 네거리에 경찰버스로 차벽을 설치했다. 정권은 이조차 성에 차지 않았던지 광화문 네거리에 경찰버스 대신 컨테이너를 2단으로 쌓아 올리고 컨테이너 벽면에는 그리스를 발라 시민들이 오르지 못하도록 방비했다. 시민들은 이를 '명박산성'이라 명명하고 이명박 정권의 불통의 상징이라고 조롱했다. 여론의 뭇매를 맞자 다시 경찰버스를 연이은 차벽으로 되돌아갔다.

경찰은 밤이 깊어지면 차벽 앞으로 무장 병력을 대규모로 투

2010년 4월 3일 민변 노동위원회 전체 모임

입해 시위대를 폭력적으로 해산하고 해산 작전에 저항하거나 항의하는 시민들을 해산명령불응이나 공무집행방해 혐의로 체포·연행했다. 당시 경찰과 대치하고 해산하는 과정에서 집회 참가 시민들이 경찰에 폭행을 당하거나 불법적으로 체포·연행되는 인권 침해 사례가 다수 발생했다. 이에 민변에서는 그해 6~8월 매주 토요일 '미국산 광우병 쇠고기 수입 반대' 촛불집회 현장에서 무장한 경찰에 의한 인권 침해를 감시하기 위해 '인권침해감시단'을 운영했다. 나는 매주 촛불집회 현장으로 나가 인권침해 감시단에 적극 참여했다. 그리고 명박산성을 넘어 경찰에 연행된 시민과의 현장 접견을 성사시키기도 했다. 집회·시위 현장에서의 인권 침해 감시 활동과 투쟁 현장에서의 연대 활동이 일상화되자 어느새 사람들은 나를 친근히 생각했고 '거리의 변호사'라

2012년 6월 1일 언론 파업 후원의 밤 행사에 참여한 모습. 2012년 1월 MBC 기자들의 뉴스 제작 거부를 시작으로 이후 KBS, YTN, 연합뉴스 등으로 파업이 확산되었다.

는 별칭을 붙여주었다.

그 외 2011년 검경이 정당에 가입한 교사와 공무원을 수사할 목적으로 민주노동당 서버를 압수수색한 사건에서 교사들의 정치적 기본권을 위한 변론에 참여해 일부 무죄를 받아냈다. 같은 해 한진중공업 정리해고 해결을 위한 5차에 걸친 희망버스 투쟁에도 참여해 부산 영도 삼거리에서 경찰의 횡포에 맞서 인권 침해에 항의하고 연행된 시민들에 대한 접견 활동을 전개했다. 한미자유무역협정 체결 저지·반대 투쟁에 참여해 한미자유무역협정의 주권 침해성에 대해 자유 발언을 했다가 경찰의 소환장을 받았다. 2012년에는 민변 주요 개혁 입법 과제의 하나로 노동관계법을 총망라한 법률 개정안을 제시했다.

4
용산 철거민 사망사건 진상조사단 조사팀장과
구속 철거민 공동변호인

2009년 1월 20일 이른 아침, 서울 도심에서 5명의 철거민과 경찰특공대 1명이 화재로 사망하는 참담한 사건이 발생했다. 나는 출근 도중 라디오 뉴스를 통해 사건 소식을 접하고 큰 충격을 받았다. 신용산 역세권 주변 지역인 용산 4구역의 상가 세입자들이 삼성물산, 포스코건설, 대림건설 등 대형 건설사들이 주도하는 도시재개발에 밀려 빈손으로 쫓겨날 상황에 처하게 되었다. 관계기관을 향한 모든 호소가 무위로 돌아가고 철거 용역 깡패들을 동원한 협박과 폭행에 더 이상 물러설 곳이 없게 된 상가 세입자들은 생존권 대책을 요구하며 그해 1월 19일 새벽, 철거 대상으로 비어 있던 용산 남일당 빌딩 옥상에 올라가 망루를 세우고 농성을 시작했다. 그런데 겨우 농성 하루 만인 1월 20일 새벽, 서울지방경찰청은 테러 진압 부대인 경찰특공대를 투입해 농성 철거민들에 대한 강제 진압 작전을 개시했다. 진압 과정에서 망루 안에 대형 화재가 발생해 무려 6명이나 사망하는 끔찍한 사건이 발생한 것이다.

이명박 정권과 검경은 화재 참사의 모든 책임을 농성 철거민들에게 전가할 작정으로 농성 철거민들을 국가 공권력에 도전한 테러범 수준의 가해자로 둔갑시켰다. 국가 공권력의 무도한 폭력과 거짓 여론전에 분노하던 나는 민변 노동위원장의 자격으로 민변 집행위 회의에서 인권단체들이 참여하는 진상조사단 구성을 제안했다. 적극적인 논의 끝에 제안은 받아졌고, 민변, 인권단체연석회의, 인도주의실천의사협의회, 참여연대 등이 참여하는 '용산 철거민 사망사건 진상조사단'을 구성하고 진상조사를 개시했다. 나는 진상조사단의 조사팀장을 맡아 진상조사 활동에 참여했다.

진상조사단은 한 달 정도에 걸친 진상조사를 통해 신용산 역세권 재개발로 생기는 건설 재벌들의 이익이 수천억 내지 수조 원*에 이를 것으로 예상하는 가운데, 서울지방경찰청이 재개발 공사 추진에 장애가 될 철거민들의 농성을 조기에 해산하려 한 정황을 밝혀냈다. 이명박 정권과 서울지방경찰청(당시 청장은 김석기 현 경주시 국회의원)은 철거민들의 농성을 화염병이 난무하는 '도심 테러'에 준하는 상황으로 과장·왜곡해 대테러 진압을 주된

---

* 당시 언론 보도에 따르면, 삼성물산이 포스코건설, 대림건설과 함께 사업비 2조 원 규모의 용산 4구역 공사도 맡고 시공사들이 받는 시공비만 6000억 원에 달하는 것으로 알려졌다.

거리에 핀 정의

임무로 하는 경찰특공대를 투입할 명분을 만들었다. 경찰은 농성 철거민들을 상대로 충분히 설득하는 과정을 생략한 채 농성 25시간 만에 강제 진압에 돌입했다.

경찰의 농성장 진입 계획에 따르면, 경찰 수뇌부는 농성 망루 내에 다량의 인화성 물질이 존재해 이로 인한 화재 위험이 매우 높다는 사실을 충분히 인지하고 있었다. 그럼에도 경찰 수뇌부는 발화 위험원을 제거할 안전대책을 강구하지 않은 채 처음부터 경찰특공대를 투입해 퇴로 없는 신속한 진압만을 재촉했다. 이러한 진압이 생존의 벼랑에 서 있던 철거민들의 극렬한 저항을 불러왔고 인화성 물질로 인한 화재의 잠재적 위험을 현실화시켰다. 공권력의 살인적 진압 작전상 사고는 필연적으로 예고된 것이었다.

그러기에 이 사건의 가해자는 철거민도, 진압 지시를 받고 투입된 경찰특공대 대원들도 아니었다. 그들은 모두 피해자였다. 진짜 가해자는 대형 화재가 예상되는데도 무리한 진압을 지시하고 강행한 당시 김석기 서울지방경찰청장 등 경찰 수뇌부와 이를 용인한 이명박 정권이었다. 그러나 현실은 최대 피해자였던 철거민들에게 사람을 죽인 가해자의 명예를 덧씌웠다. 검찰 합동수사본부는 철거민들이 망루 안에 화염병을 던져 불이 났고 이로 인해 참사가 발생했다는 방향에 맞춰 수사를 진행했고, 철거민들을 기소했다. 편파적인 수사 과정을 지켜보던 민변 변호사들 15명은 용산 구속 철거민 변호인단을 구성해 변론하기에 이르렀다. 나 또한 변호인단에 참여했다.

검찰은 당시 비등하던 경찰의 과잉 진압에 대한 비판적 여론과 유가족과 대책위 등이 제기한 고소 고발 등을 의식해 마지못해 경찰특공대 대원들을 상대로 경찰의 과잉 진압 및 철거 용역들과의 불법적인 진압 공모 여부에 대한 수사를 진행했다. 하지만 이러한 조사 결과에 대해서는 철저히 함구했다. 그런데 검찰 수사 과정에서 다수의 경찰특공대들은 '망루 내에 어떤 위험 물질이 존재하는지 사전에 아무런 설명도 듣지 못한 채 진압 작전에 투입되었다'거나 '소화기에 소화액이 다 소진되었는데도 이를 충전하지도 않은 채 재차 망루 안으로 진입할 것을 명령받아 작전에 투입되었다'는 취지의 진술을 했다. 당시의 진압이 농성 철거민은 물론이거니와 진압 경찰의 안전도 고려하지 않은 매우 위험하고 무리한 과잉 진압이었음을 인정하는 다수 경찰특공대원들의 진술조서가 작성된 것이다.

　그러나 검찰은 공소를 제기하는 과정에서 무리한 과잉 진압이었음을 인정하는 진술이 담긴 경찰특공대원들의 진술조서, 용역들과의 불법적인 진압 공모 내용이 담긴 불리한 자료 등을 고의적으로 누락하고 은폐했다. 서울중앙지방법원 담당 재판부는 변호인단의 수사기록 열람·등사 신청을 받아들여 검찰이 비공개하는 3000여 쪽에 이르는 수사기록에 대해 변호인의 열람·등사를 허용하는 결정을 내렸다. 하지만 공판 검사들은 검찰 내부의 방침이라며 수사기록 제출을 거부했다. 법원의 수사기록 공개 결정을 검찰 내부의 방침이라는 이유로 걷어차버린 것이다. 검찰의

2010년 1월 9일, 355일 만에 치르는 용산 참사 장례식에서 노제에 참여한 모습

오만방자함이 하늘을 찔렀다. 하지만 담당 재판부는 소송 지휘권을 가졌음에도 자신이 내린 결정에 정면으로 도전하는 검찰의 행위에 대해 철저히 침묵했다. 이명박 정권의 명운이 걸린 사건에서 검찰은 정권의 친위 부대를 자처했고, 법원은 정권과 이를 대리하던 검찰의 위세 앞에서 꼬리를 내렸다.

2009년 5월 14일 오전 10시, 서울중앙지방검찰청 후문 앞에서 구속 철거민 가족들과 대책위는 검찰의 수사기록 은폐를 규탄하고 수사기록을 공개할 것을 요구하는 기자회견을 개최했다. 서초경찰서는 기자회견에 앞서 검찰청 후문 앞에 다수의 기동대원들을 배치해 위압감을 조성하고, 참가자들이 기자회견을 시작하자 현장에서 기동대를 지휘하던 서초경찰서 경비과장은 기자회견 참가자들을 향해 미신고 불법집회이므로 자진 해산할 것을 종용했다. 경고 방송이 끝나자마자 세 차례에 걸쳐 해산할 것을 명령했다. 그사이에 기자회견 주최 측은 기자회견문 낭독을 끝내고 기자회견 종료를 선언했다.

그런데 기자회견 참가자들이 귀가하려 지하철역으로 향해 가려는 순간, 경비과장은 뒷북치듯이 기자회견 참가자들을 해산명령불응죄의 현행범인으로 체포하라고 지시했다. 기동대 대원들이 갑자기 일부 참가자들을 에워싸더니 사지를 들어 경찰버스에 태우기 시작했다. 기자회견이 미신고 집회라고 하더라도 평화적인 집회인 이상 해산 명령을 할 수 없다. 그러므로 해산명령불응죄는 처음부터 성립할 수 없었다.

나는 지하철역으로 앞서 가다 이 광경을 보고서 분노가 치솟았다. 그냥 발걸음을 뗄 수가 없었다. 가던 길을 멈추고 되돌아와 사지가 들려 끌려가던 참가자의 몸을 부여안고 경찰의 연행이 불법이라며 강력히 항의했다. 그러자 여러 기동대 대원들이 이번에는 내 양팔을 등 뒤로 결박하듯 잡아채고, 멱살을 단단히 부여잡아 저항을 억압한 후 나 또한 호송버스에 강제로 밀어 넣었다. 변호사가 된 후 경험하게 된 최초의 체포·연행이었다.

나는 이미 체포된 6명과 함께 수서경찰서로 이송되었다. 참으로 어처구니없는 체포가 아닐 수 없었다. 나를 포함한 7명의 피체포자들은 저녁이 되어서야 풀려났다. 일종의 훈방 조치였다. 수사기록 열람·등사를 허용하라는 법원 결정에도 불구하고 이를 거부한 검찰의 위법행위를 규탄하는 기자회견을 불법집회로 몰

거리에 핀 정의

아 해산 명령을 내리고, 나아가 이미 해산하고 있던 사람들을 해산명령불응죄의 현행범인으로 체포하는 이 황당한 상황을 어떻게 봐야 할까. 우리는 '검경공화국'에서 살고 있었던 것이다.

변호인단은 1심 재판부에 수차에 걸쳐 검찰의 수사기록 제출 거부에 대해 법원의 소송지휘권을 발동해 소송상 조치를 취해줄 것을 요구했다. 하지만 재판부는 법정에서 검찰에게 어떤 조치도 취하지 않은 채 변호인들에게 그저 재판 진행에 협조할 것을 종용했다. 나는 변호인단을 대표해 자리에서 벌떡 일어섰다. 그리고 참았던 분노를 재판부를 향해 쏟아냈다.

"재판부는 자신의 결정에도 불구하고 검찰의 수사기록 제출 거부에 대해 왜 아무 말도 하지 않습니까? 검찰이 법원의 결정을 무시하고 능멸하고 있는데도 무엇 때문에 침묵으로 일관하고 있습니까? 검찰의 수사기록 제출 거부 행위는 실체 진실 규명을 방해하고 피고인의 방어권 행사를 심각히 침해하는 위법한 행위입니다. 검찰의 수사기록 제출 거부 행위는 국민의 공정한 재판을 받을 권리를 본질적으로 침해하는 사법 방해 행위입니다. 검찰이 수사기록 수천 쪽을 은폐하는 이 상황을 피고인들에게 감내하고 재판 진행에 협조하라고 요구하는 재판은 정의롭지 못한 재판입니다. 우리 변호인들은 '국민의 공정한 재판을 받을 권리'를 본질적으로 침해하는 불의한 재판에 협력하지 않기 위해 변론을 거부합니다."

그렇게 선언한 후 퇴정했다. 그 후에도 상황은 전혀 달라지지 않았다. 우리 변호인단은 열띤 논쟁 끝에 국민의 공정한 재판을 받을 권리를 본질적으로 침해하는 재판에 협조하지 않기 위해 변호인을 사임했다. 당시 변호인들의 사임은 상당한 사회적 반향을 일으키며 검찰의 수사기록 은폐와 법원의 묵인 행위를 사회적 이슈로 부각시켰다. 변호인단은 사임에 앞서 공판준비 절차 진행 과정에서 헌법재판소에 검찰의 수사기록 열람·등사 거부처분에 대해 헌법소원을 제기했다. 변호인단의 노력은 헛되지 않아 검사가 법원의 결정을 무시하고 열람·등사를 거부한 행위는 헌법에 위반한다는 위헌 결정을 받아냈다. 그러나 헌법재판소의 위헌 결정은 법원의 1심 재판이 선고된 후 수개월이 지나서였다. '지연된 정의는 정의가 아니다'는 법언이 절로 떠오르는 때늦은 결정이었다.

2017년 촛불항쟁의 결과로 정권이 바뀌고 이명박·박근혜 정권하에서 벌어진 국가 공권력에 의한 인권 침해 사건들에 대한 진상 규명 활동이 개시되었다. 용산 참사 사건도 국가 공권력에 의한 대표적인 인권 침해 사건으로 선정되어 '경찰청 인권침해사건 진상조사위원회'와 대검찰청 산하 '검찰 과거사 진상조사단'의 재조사 대상에 포함되었다.

지난 2018년 9월, 경찰청 진상조사위원회는 용산 참사 당시 경찰의 철거민에 대한 진압은 안전 수칙을 위반한 과잉 진압에 해당하며, 경찰 지휘부가 화재 위험을 알고도 무리하게 진압 작전을 강행해 철거민 5명과 경찰특공대 1명을 화재로 사망에 이르게 했다는 조사 결과를 발표했다. 또 김석기 당시 서울지방경찰청장이 청장실 옆방에서 유선과 대면으로 진압 상황을 보고받았다는 사실도 밝혀냈다. 이와 함께 참사 발생 후 김석기 청장의 지시로 경찰관들이 여론 조작에 조직적으로 가담했으며 이는 직권남용권리방해죄에 해당하나 공소시효가 지나 관련자들을 처벌할 수 없게 되었다고 발표했다.

경찰청 진상조사위원회 결과 발표 후 정부는 총리 담화를 통해 사과했고 민갑룡 현 경찰청장은 재발 방지 대책을 마련한 후 적절한 시기에 유가족들에게 사과하겠다고 입장을 밝혔다. 하지만 정작 사건 당시 경찰 책임자였던 김석기 의원은 "지금 똑같은 상황이 발생하면 현재 경찰도 똑같은 원칙을 갖고 하지 않을까"라며 사과는커녕 자신의 과잉 진압을 정당화하는 망언을 서슴지 않았다. 국회의원이라는 권력과 공소시효라는 방패 뒤에 숨어 또다시 국민을 우롱한 것이다. 경찰청의 조사 결과와 정면으로 배치되는 김석기 의원의 발언은 유가족과 국민에게 또 한 번 씻을 수 없는 상처를 주었다. 살인 진압을 정당하다고 말하는 자를 어떻게 국민의 대표로 용납할 수 있겠는가.

진실을 은폐하려는 움직임은 여기서 멈추지 않는다. 2018년 말, 김영희 검찰 과거사 진상조사단 총괄팀장은 용산 참사 당시 검찰합동수사본부에서 수사에 참여한 일부 조사 대상자들이 용산 참사 사건을 재조사하는 조사위원들에게 민형사 조치 압박 등

용산 4구역을 철거한 뒤 신축 공사를
하는 현장. 용산 참사 사건이 발생한 지
10년의 세월이 흘렀지만 2009년 당시
경찰의 살인 진압에 대해 그 누구도
책임을 지거나 처벌받지 않았다.

외압을 행사하고 있다고 폭로했다. 이들의 외압 때문에 용산 참
사 사건을 맡고 있던 조사3팀의 외부 조사위원 2명이 사임서를
제출했고 이로써 조사3팀의 활동이 중단된 상태이며 이후 조사
활동도 사실상 불가능하게 되었다고 보도되었다.

검찰합동수사본부에서 수사를 총괄한 검사가 외압의 중심으
로 알려졌다. 그 검사는 유력한 검찰총장 후보로 거론되기도 했
다. 조사3팀에 대한 외압 논란은 2009년 수사 관련자들이 검찰
권력을 등에 업고 '검찰의 불공정한 수사와 기소'에 대한 재조사
를 방해하고 있다는 의문을 갖게 만들었다. 용산 참사 당시 수사
기록 3000여 쪽을 은닉하며 실체 진실의 발견과 공정한 재판을
방해했던 검사들이 다시 검찰 진상조사단의 재조사마저 방해하

거리에 핀 정의

려 했다는 것이다. 도대체 어떻게 이런 일이 반복될 수 있는가.

　용산 참사 사건이 발생한 지 10년의 세월이 흘렀건만 2009년 경찰의 살인 진압과 검찰의 불공정한 수사에 대해 그 누구도 책임을 지거나 처벌받은 바 없다. 도리어 국민의 목숨을 앗아간 경찰 책임자는 국회의원이 되었고, 불공정한 수사와 기소를 총괄했던 검찰 책임자는 검찰 내에서 유력한 검찰총장 후보로까지 거론되기도 했다. 마치 친일 세력들이 해방 후 애국자로 둔갑해 권력을 장악하고 기득권을 유지해오듯이 용산 참사의 실제 주범과 공범들은 여전히 요직을 차지하고 활보하고 있다. 그러기에 용산 참사는 아직 끝나지 않았다.

5

변호사에서 피고인으로:
쌍용자동차 정리해고 반대 투쟁 지원

용산 참사 사건은 가진 자와 못 가진 자, 건설 재벌과 사회적 약자가 충돌할 때 공권력이 어떻게 움직이는지를 보여준 대표적 사건이다. 건설 재벌과 계약한 철거 용역들이 소화전을 들고 농성 철거민을 향해 물대포를 쏠 때 경찰은 방패를 들고 철거 용역들을 방어해주었다.

이러한 모습은 용산 참사 후 4개월이 지나 전개된 2009년 5월부터 8월까지 77일간의 쌍용자동차 정리해고 반대 파업 사건에서도 똑같은 모습으로 되풀이되었다. 회사에 고용된 용역들이 파업 노동자들을 향해 새총으로 볼트와 너트를 쏘아댈 때 경찰은 방패를 들고 용역들을 보호했다. 국가 공권력인 경찰은 국민의 봉사자로서 노자 사이에서 중립을 지킨 것이 아니라 자본과 한몸처럼 움직였다. 아니, 자본을 위해 용병처럼 행동했다.

77일간에 걸친 쌍용자동차 정리해고 반대 파업 투쟁은 중국 상하이차가 쌍용자동차를 인수한 후 투자를 하지 않은 채 SUV 자동차 제조 기술을 빼낸 후 분식회계를 통해 고의적으로 경영 위기 상황을 만들고 이를 근거로 전체 직원의 3분의 1에 해당하는 2646명을 감축하는 구조조정을 강행하자, 구조조정에 맞서 자신과 가족들의 생존권을 지키려는 노동자들의 투쟁이었다.

당시 나는 민변 노동위원회 위원장이었고, 금속노조 쌍용자동차지부로부터 법률적인 조력을 요청받았다. 나는 쌍용자동차 노동자들의 정리해고 반대 투쟁을 지원하는 과정에서 변호사로서 경찰권의 남용에 적극적으로 항의하다 연행되었다. 나는 쌍용차 정리해고 반대 투쟁과 해고자 복직 투쟁 지원을 계기로 변호인이 아닌 피고인으로 다시 법정에 서기 시작했다. 연행이 거듭되자 검찰은 구속영장을 청구했고 구속영장이 기각되자 불구속으로 기소했다.

쌍용자동차 평택공장 옥쇄파업 당시 신체의 자유와
변호인 현장 접견교통권 사건

변호사가 된 후 피고인으로 법정에 서게 된 첫 번째 사건은 국가 공권력에 의한 국민의 신체의 자유 및 변호인 접견교통권 침해에 대한 항의와 관련된 것이었다.

2009년 6월 26일 오전 10시 30분경 정리해고에 반대하며 옥쇄파업을 진행하던 쌍용자동차 평택공장을 찾았다. 민변 노동위원회 위원장으로서 그날 오전 11시에 예정된 '쌍용자동차 정리해고의 올바른 해결을 위한 노동법률전문가 공동기자회견'에 참석하기 위해서였다. 공장 정문을 중심으로 방석모를 쓰고 방패를 든 경찰 병력이 공장 울타리를 따라 쫙 깔려 있었다. 기자회견까지 약간의 시간이 있어 공장 주변을 둘러보던 중 공장 밖 인도에서 6명의 쌍용자동차지부 조합원들이 서너 겹의 경찰기동대 병력에 둘러싸여 감금되어 있는 모습이 눈에 들어왔다. 가까이 가자 감금된 조합원들이 "왜 우리를 붙잡아두고 있는 거야? 이유를 말해줘야지?"라는 소리가 들렸다. 언제부터 감금되어 있었는지 알 수는 없었다.

나는 경찰 현장 지휘관(기동대 중대장)을 찾아 변호사 신분증을 제시하고 조합원들을 경찰이 체포·감금하고 있는 이유가 무엇인지 물었다. 중대장은 마지못해 "수배자인지 체포영장 발부자인지 확인하기 위한 것"이라며 "잠시 기다리면 곧바로 처리하겠다"고 하고는 자리를 피했다. 그런데 그로부터 30분 이상 시간이 지났는데도 체포 이유 등 미란다원칙*을 고지하지 않은 채 감금을 지속했다. 나는 체포 이유를 고지하지 않은 경찰의 체포·감금 행위는 미란다원칙을 위반한 불법체포임을 지적하고 체포 이유를 고

---

* 사람을 체포·구속하기에 앞서 피의자에게 피의사실의 요지, 체포 이유, 변호인을 선임할 수 있음을 말하고 변명할 기회를 주어야 한다는 형사소송법상의 절차다(형사소송법 제200조의5).

지할 수 없다면 즉시 조합원들을 석방할 것을 요구했다. 기동대는 묵묵부답으로 일관했다. 조합원들을 에워싸고 있던 기동대원들의 불법체포·감금 상태를 풀기 위해 방패를 잡아당기며 항의했다. 내 항의가 계속되자 경찰 지휘관은 느닷없이 애초 내용과 달리 "지금부터 체포된 사람들을 퇴거불응죄의 현행범인으로 체포합니다. 변호사를 선임할 수 있습니다. 연행해"라고 지시를 내렸다. 나는 큰소리로 "저 사람들, 지금 공장 밖에 나와 있는데 어떻게 퇴거불응죄의 현행범인인가요?"라고 항의했으나 쇠귀에 경 읽기였다.

퇴거불응죄란 주거나 건물의 소유자 혹은 관리자가 타인에게 그 공간에서 나가줄 것을 요구했으나 나가지 않을 때 성립하는 범죄인데, 조합원들은 이미 공장 밖으로 나와 있는 상태였다. 현행범인이라니, 참으로 어처구니없는 노릇이었다. 기동대원들은 항의하는 나와 일부 법률가들을 공장 담벼락으로 밀어붙여 꼼짝 못 하게 하고는 조합원들을 경찰 승합차량에 강제로 태우고 어디론가 이동해버렸다.

그런데 똑같은 일이 다시 일어났다. 앞 상황이 종료된 후 얼마 떨어지지 않은 곳에 또 한 명의 금속노조 조합원이 기동대원들에게 둘러싸인 채 감금되어 있는 상황이 보였다. 나는 변호사 신분증을 제시하며 기동대원들에게 체포 이유가 무엇인지 묻고 체포 이유를 고지해주든가, 아니면 풀어줄 것을 요구했다. 나의 거듭된 항의 도중 기동대 중대장이 나타나더니 앞서와 똑같이 그 조합원을 향해 "퇴거불응죄의 현행범인으로 체포합니다. 변호사를 선임할 권리가 있습니다"라고 고지하더니 기동대원들에게 조합원을 연행하라고 지시했다. 나는 변호사를 선임할 수 있다는 중대장의 고지에 따라 연행되는 조합원에 대한 변호인 접견을 요구했다. 그러나 중대장은 변호인 접견 요구를 묵살한 채 "밀어내"라고 지시했다. 기동대원들이 나를 방패로 밀어내며 접근을 봉쇄하는 사이에 조합원을 강제로 경찰 승합차량에 밀어 넣고 빠져나가려 했다. 중대장은 변호인을 선임할 수 있다는 자신의 고지를 잊은 듯이 변호인 접견 요구를 완전히 무시해버렸다. 변호사를 선임하려면 변호인 접견은 필수적이다. 미란다원칙은 '립서비스' 하라고 만든 게 아니다. 미란다원칙은 피의자의 방어권 보장을 위해 헌법상 변호인의 조력을 받을 권리를 체포 절차에서부터 지켜야 할 형사소송법상의 준칙으로 정한 것이다.

참을 수 없었다. 나는 경찰의 접견 봉쇄에 항의하며 기동대 방패 벽을 우회해 조합원을 태운 경찰 승합차량 앞으로 돌진했다. 그리고 두 팔을 벌리고 진행 차량 앞을 가로막고 섰다. 변호사 신분증을 높이 들고 "나는 대한민국이 인정한 변호사입니다. 경찰은 변호사를 선임할 권리가 있다고 고지했습니다. 그 고지에 따라 체포된 조합원에 대한 변호인 접견을 정식으로 요구합니다"라고 외쳤다. 그런데 내게 돌아온 것은 정반대의 조치였다. 기동대 중대장은 "변호사가 경찰관의 체포 업무를 방해하고 있습니다. 이 시간부로 권영국 변호사를 공무집행방해죄의 현행범인으로 체포합니다. 권영국 변호사는 변호사를 선임할 수 있습니다"라고 고지하더니 "연행해"라고 지시했다. 꼼짝없이 조합원과 함께 경찰 승합차량에 태워졌고 수원서부경찰서로 호송되었다. 간단한 조사를 마친 후 저녁이 되어 앞서 연행되었던 조합원들과 함께 유치장에 구금되었다. 변호인 접견 요구를 묵살당하고 유치장에 구금된 나는 주객전도의 불의한 상황과 모욕감 때문에 일절 밥숟가락을 뜰 수 없었다.

하루가 지나 접견 온 변호사들에게 "나는 경찰의 뒤에 있는 검찰의 석방 지시로 유치장을 걸어 나가고 싶지는 않다. 체포의 적법 여부에 대한 법원의 판단을 받아보고 싶다. 나가는 즉시 체포적부심사 신청서를 관할 법원인 수원지방법원 평택지원에 접수해달라"고 부탁했다. 평택지원에서는 신청서를 접수하자 그날 밤 10시에 체포적부심사 심문 일정을 잡아주었고 판사는 나의 항변을 경청했다. 심문 후 법원 내 대기를 명하고 1시간가량이 지난 후 체포의 필요성이 존재하지 않는다며 석방 결정을 내렸다.

하지만 검찰은 나를 경찰기동대원 2명에게 폭행을 행사해 상해를 입히고 공무집행을 방해했다는 혐의로 불구속 기소했다. 미란다원칙을 위반한 경찰기동대의 체포에 항의하고, 연행되는 쌍용자동차 조합원들에 대한 변호인 접견권을 묵살한 국가 공권력에 대항한 나의 행위에 대한 검경의 보복이었다.

이 사건에서 1심 재판부는 2011년 10월 20일, "(경찰은) 미란다원칙을 고지하지 않은 상태에서 불법체포를 하는 등 공무를 위법하게 집행했다"고 밝혔다. 이어 "불법체포를 제지하는 과정에서 경찰관에게 상해를 가했다고 하더라도 부당한 침해를 방위하기 위한 행위로서 상당한 이유가 인정되는 정당방위"라면서 내게 무죄를 선고했다. 2심 재판부도 2013년 1월 25일 "경찰이 조합원들을 연행하고 30~40분이 지나서야 미란다원칙을 고지해 체포절차를 지키지 않은 사실이 인정된다"면서 검사의 항소를 기각했다. 2년 후인 2017년 3월 15일 대법원은 무죄를 선고한 원심을 확정했다. 이 사건에서 최종적으로 무죄를 받는 데 8년이 걸렸다.

그리고 이 사건과 관련해 내가 기동대 중대장을 불법체포·감금죄와 직권남용권리행사방해죄로 고소했는데 서울고등법원은 이를 인용하는 재정신청 결정문에서 다음과 같이 판시했다.

"형사소송법 제34조에서 정한 변호인의 접견교통권은 피고인 또는 피의자나 피내사자의 인권 보장과 방어 준비를 위해 필수불가결한 권리이므로 이를 제한할 수 없을 뿐만 아니라, 체포된 피의자를 도망하게 하거나 증거를 인멸하게 하는 등의 목적이 아닌 한 변호인의 접견교통권 행사의 시기와 장소에는 아무런 제한이 없다고 할 것이어서, 피의자들로서는 피해자의 위와 같은 접견 요청이 있으면 현장에서 즉시 또는 경찰서로 동행하도록 해 피해자가 위 조합원을 접견할 수 있도록 조치했어야 함에도, 피의자들은 공동해 피해자를 공무집행의 현행범으로 체포함으로써 직권을 남용해 사람을 체포함과 동시에 직권을 남용해 변호사인

2009년 6월 26일 쌍용자동차 평택공장 앞에서 체포된 조합원들에 대한 변호인
접견권을 요구하다 공무집행방해죄의 현행범인으로 경찰에 체포되어 끌려갔다.
사진 정재은

피해자가 접견교통권을 행사하지 못하도록 해 피해자의 권리행
사를 방해했다."(서울고등법원 2011.1.21. 2010초재1874 재정신청 결
정문)

이 사건은 법원이 변호인의 현장 접견교통권을 명시적으로 확
인해준 최초의 사건이 되었다.

경찰의 대한문 화단 앞 집회 방해와 질서유지선에 맞서다

두 번째로 법정에 서게 된 사건은 질서유지선의 이름으로 집
회의 자유를 침해하는 공권력에 저항했다는 이유 때문이었다. 집
회·시위의 자유와 직접 관련된 사건이었다.

이 사건 당시 나는 민변 노동위원장으로서 회계 조작의 의혹을 받고 있던 쌍용자동차 정리해고 사태에 대한 정부의 책임을 환기시키고 분쟁의 원만한 해결을 촉구하기 위해 기꺼이 거리 시위에 참여했다. 사태가 장기화됨에 따라 청와대 앞을 찾아가 국정 최고 책임자인 대통령 면담을 요구했다. 그리고 경찰과 중구청과 문화재청이 합작해 서울 대한문 앞에서의 집회·시위를 원천 차단하기 위해 대한문 옆 인도에 화단을 설치하고 화단을 보호한다는 명분으로 대한문 앞 공간에서의 집회를 통제하고 금지하려 한 경찰의 부당하고 위법한 법 집행에 정면으로 맞섰다.

2013년 7월 24일 민변 노동위원회 주최로 '대한문 앞 화단 설치의 위법성 규탄과 집회의 자유 회복을 위한 시민캠페인 집회'를 개최한 것이 그 시작이었다. 다음날 나는 쌍용자동차 정리해고 사건과 관련해 대한문 앞 인도에서 또다시 연행되었다. 이번에는 검찰에서 구속영장을 청구했다. 구속영장은 기각되었으나 검찰은 특수공무집행방해치상죄와 집회및시위에관한법률위반죄(해산명령불응)로 불구속 기소했다.

검찰은 경찰관에 대한 모욕죄를 추가로 기소해 이 사건에 병합시켰다. 모욕죄 사건의 경위는 다음과 같다. 서울종로경찰서 경비과장은 정부서울청사 후문에서 해산 사유가 없는데도 불구하고 집회 참가자와 경찰관 사이에 언쟁을 벌이고 있다는 이유만으로 불법행위로 규정해버리고, 신고된 집회 장소에 모여 있던 다수의 군중들을 향해 해산을 요구하는 경고 방송을 반복했

거리에 핀 정의

다. 이를 지켜보던 나는 해산 사유가 없으니 위법한 경고 방송을 중단할 것을 거듭 요구했다. 하지만 경비과장은 이에 아랑곳하지 않고 경고 방송을 반복했다. 이 상황에서 법률가라면 어떤 행동을 취해야 했을까? 공권력의 명령이니 수용해야 할까? 아니면, 잘못된 공권력 행사에 맞서 항의해야 할까? 욕설을 하면 자신의 인격이 오히려 훼손된다는 사실을 알고 있다. 하지만 국민의 공복이라는 경찰공무원이 해산 사유가 없는데도 국민을 향해 너무도 제멋대로 경고 방송을 반복하는 부당한 횡포에 참을 수가 없었다. 주권자인 국민을 지시나 훈계의 대상쯤으로 여기는 경찰공무원의 태도를 묵과하기 어려웠다. 시민들의 권리를 우습게 여기는 공권력의 태도에 쐐기를 박아주고 싶었다. 그래서 소리를 질렀다.

"야, 이 경비과장 ××야. 경고 방송 중단해!"

나에 대한 재판이 계속되고 있던 무렵인 2014년 11월 13일, 대법원은 쌍용자동차 정리해고 무효확인 청구사건에 대해 판결을 내렸다. 해고 노동자들이 승소한 원심 판결을 파기하고 서울고등법원으로 사건을 환송한다고 선고했다. 쌍용자동차 해고 노동자들은 절망했다. 쌍용자동차 정리해고 사건에 대한 대법원 판결은 원심 판결의 사실관계를 뒤집어버림으로써 사회정의와는 멀어졌다. 대법관의 구성은 권위주의 정권하에서 더욱 획일화되고, 심지어 고문치사 사건의 축소 은폐에 가담했던 검사가 대법관 후보로 추천되어 사회정의를 오히려 조롱하고 있었다. 법원에 대한 민주적 통제가 이루어지지 않는다면 사법 정의 또한 담보되지 않는다는 것을 확인했다. 사법 정의를 실현하려면 사법 정의를 실현할 법원에 대한 민주적 통제가 전제되어야 한다. 법정에서 공정한 재판이 이뤄지게 하려면 법원 구성부터 공정히 될 수 있도록 제도적 투쟁을 벌여야 한다. 인권을 보장하고 정의를 세우려면 인권과 정의가 무너지는 곳에서 출발해야 한다. 공권력의 침탈이 있는 곳, 자본의 노조 파괴가 있는 곳 바로 그곳에서 맞서야 한다. 그날 나는 이렇게 썼다.

사법 정의에 대한 미련을 버리며

졌다.

쌍용차 정리해고 사건 대법원에서….

노동자들 이기고 올라간 사안은 파기환송 판결, 노동자들 지고 올라간 사안은 상고 기각 판결. 어떤 말도 할 수가 없다. 패장은 말이 없다고 했지 않던가.

대법원에 일말의 기대를 했다는 자체가 너무 부끄럽고 참담하다. 그들은 판결 이전에 서초경찰서에 경비 병력을 요청했고, 그 바람에 우리는 법정 출입문 앞에서 마치 공항처럼 검문을 받고 출입을 허용받아야 했다. 게다가 법정에서 법정 경리는 캠코더를 노동자들 향해 겨누고 있었다. 이미 주변 상황과 징후는 노동자 패소를 말해주고 있었다. 그런데도 미련히 법정에 앉아 선고를 기다리고 있었다.

쌍용차 해고 노동자들 패소…. 그 결말은 단 몇 초의 낭독으로 끝이 났다.

출입문에서 기다리고 있는 엄청난 기자와 카메라들…. 우리 사회에 혹은 사법부에 뭔가 기대를 걸고 있다는 증표였을까. 여기저기서 흐느끼는 소리가 터져 나왔다. 6년간의 고난에 찬 투쟁의 기억들이 한꺼번에 되살아났다.

오늘로써 나는, 천민자본과 이를 옹호하는 권력의 카르텔이 너무도 강고한 이 땅에서 노동자들이 법원의 판결을 통해 자신의 권리를 보장받을 수 있다는 망상을 버리기로 한다. 쌍용차 정리해고 사건에서 보여준 대법원의 판결은, 이 땅의 사법부란 국민의 자유와 권리를 위한 최후의 보루가 아니라 권력과 자본, 그들이 주도하는 기득권 질서를 비호하고 정당화하는 제도적 폭력임을 깨닫게 한다.

판결을 통해 세상을 변화시켜보겠다는 미련 같은 것이 남아 있다면 이제 털어버리자. 합리적인 주장과 비판마저 종북과 반사회 행위로 몰리고 공권력의 횡포에 항의하는 행위마저 징벌의 대상이 돼버리는, 궤변과 같은 현실은 진실로 우리에게 절절한 대오각성을 요구하고 있는지 모른다.

고상하기 이를 데 없는, 그러나 강요된 침묵으로 고요한 법정에서의 환상은 오늘로써 충분하다. 세 치 혀로, 서면 공방으로 뭔가 하고 있다는 마약 같은 위로와 환상에서 벗어나야겠다.

생각한다.

이 땅을 우리 후손들에게 그래도 살맛 나는 세상으로 만들기 위해서는 민중이 진정으로 자신의 권력을 행사할 수 있는 정치적 모색을 새로이 시작해야 한다. 기존의 서푼도 안 되는 입지와 정파적 이해를 모두 던져버리고, 반생명, 반문명 세력에 대항하기 위한 정치적 결단이 요구된다.

세상을 바꾸지 않는 한 정리 해고된 노동자들과 그 가족의 고통을 멈출 수 없다. 세상을 바꾸지 않는 한 차별받는 비정규직 노동자들의 한숨을 멈출 수 없다. 세상을 바꾸지 않는 한 세월호 참사로 희생된 유가족들의 진실에 대한 갈망을 풀 수 없다.

우리는 다시 시작해야 한다.

나누어져서 자신의 발등만을 들여다볼 것이 아니라 전체 숲을 보며 가장 낮은 곳에서부터 새로운 정치적 모색을 해야 한다. 그렇지 않으면 권력 교체기를 맞이한다고 해도 우리는 아무것도 바꿀 수 없다. 쌍용차 해고 노동자들의 소송 대리인으로서 동지들께 진심으로 사과드린다. 인권 옹호와 사회 정의 실현이라는 사명을 다하지 못한 부족함에 그저 죄스러울 뿐이다.

오늘로써 나는 사법 정의에 대한 환상을 버린다. 2014.11.13.

2015년 7월 13일 나의 기소 사건에 대한 결심 공판이 있었다.

거리에 핀 정의

나는 피고인으로서 최후진술을 했다.

"(…) 국민의 자유와 권리가 공권력에 의해 부정되고 있는 현실과 마주했을 때, 인권 옹호를 사명으로 하는 변호사는 과연 어떻게 처신해야 할까요? 이것은 변호사가 된 이후로 줄곧 자신에게 던져온 무거운 화두였습니다.

저는 본 재판에 임하면서 '범죄 예방'과 '질서유지'라는 이름으로 너무도 쉽게 남용되는 공권력의 현실을 들여다볼 수 있는 재판이 되었으면 한다고 소회를 밝힌 바 있습니다. 본 재판은 경찰과의 물리적 충돌 여부를 따지는 협소한 송사가 아니라 국가가 공공복리와 질서유지라는 이름으로 국민의 자유와 권리를 침해했을 때, 우리 사회는 어떻게 판단하고 행동해야 하는지 그 기준을 세우는 재판이 되어야 할 것입니다. 인권을 옹호해야 할 책무를 지고 있는 변호사를 공권력에 대항했다는 이유로 집회의 현장에서 끌어다 법정에 세웠다면 그 정도는 돼야 하지 않겠습니까?

본 재판이 공권력의 남용에 대해 엄중한 경적을 울림으로써 심각히 후퇴하고 있는 민주주의가 회복할 계기가 되기를 희망합니다."

2015년 8월 20일 마침내 대한문 앞 집회와 관련한 사건에 대한 1심 재판부의 판결 선고가 내려졌다. 재판부는 서울종로경찰서 경비과장에 대한 모욕죄에 대해서는 그 행위에 이르게 된 경위 등을 참작해 300만 원의 벌금형을 선고했다. 한편 2014년 7월

2015년 8월 20일 대한문 앞 집회 관련 사건 1심 선고일. 변호사 동료들과 함께 법원 앞에 모였다.

과 8월 민변 노동위원회가 주최한 대한문 앞 집회와 관련해서는, 신고된 집회 장소 안에 경찰이 임의로 설치한 질서유지선과 이를 보호한다는 명목으로 배치한 경찰 병력을 집회 장소 밖으로 퇴거 시키기 위해 집회 주최 측이 행사한 물리적 행위에 대해 정당방위가 성립된다며 무죄를 선고했다. 이 판결은 집회및시위에관한법률에서 규정하고 있는 '질서유지선'(폴리스라인)에 대한 최초의 판결로 기록될 것이다.

6
공정사회파괴·노동인권유린
삼성바로잡기운동본부 공동대표

　민변 노동위원장으로서 마지막 임기 해인 2013년과 2014년
에 맞닥뜨린 과제는 재벌 대기업의 반노조 경영과 사회 저변으로
확산된 간접고용 비정규직 문제(위장도급과 불법파견)를 폭로하고
이를 시정하는 일이었다. '공정사회파괴·노동인권유린 삼성바로
잡기운동본부'의 출범은 세습 경영과 노동조합 파괴 전략, 그리
고 간접고용으로 노동 인권을 유린하고 공정사회 파괴를 선도하
는 삼성의 불법 경영을 바로잡지 않으면 결코 우리 사회가 바뀔
수 없다는 근본적인 문제의식에서 비롯된 것이다. 삼성바로잡기
운동본부가 출범하자 삼성그룹은 그에 대한 대응 조직을 만들어
담당자를 배치하고 주요 직책에 있던 인물들에 대해 뒷조사를 지
시했다는 소문이 돌았다. 나도 예외일 수는 없었다. 우리 사회에
서 삼성 자본에 맞서 노동자들의 권리를 회복하고 불공정한 기업

2013년 12월 24일 삼성전자 본관 앞에서 열린 삼성전자서비스지회 최종범 열사의 노제에서 조문을 읽는 모습. **사진 최용**

윤리를 바로 세우는 일은 독재 권력을 교체하는 것만큼의 각오와 희생이 따르는 일일지도 모른다. 삼성바로잡기운동본부를 준비하는 과정에서 삼성에 대해 가지는 많은 사람들의 공포감들을 보았다. 하지만 그러한 위협과 공포감에 흔들릴 수는 없었다.

2013년 1월 '신세계이마트 직원 사찰 및 노조파괴전략' 문건에 대한 제보를 받고 '신세계이마트 정상화를 위한 공동대책위원회'를 결성하고 이마트의 불법 경영과 부당노동행위에 대한 법적 대응과 노동조합 결성 지원 활동을 했다. 10월 22일엔 '삼성그룹 노조파괴전략' 문건과 관련해, 삼성그룹 이건희 회장 등 15명을 노동조합법과 개인정보보호법 위반으로 서울중앙지방검찰청에 고소 고발장을 접수했다.

2013년 2월에는 이마트에서의 판매·진열·계산 등 노동자들

거리에 핀 정의

2012년 9월 1일 서울 예수회센터에서 열린 예수회가 주최하는
'가톨릭 청년토크'에서 청년들을 대상으로 한 특강을 준비하는 모습이다.

의 불법파견 실태에 대해 분석해 고용노동부에 진정을 접수했고, 국회에서 지적이 이어지자 노동부는 즉시 특별근로감독에 착수해 전국 23개 매장에서 2천여 명에 달하는 불법파견 사례를 1차 적발했다. 노동부의 근로감독이 확산할 흐름을 보이자 이마트는 선제적으로 무려 1만 2천여 명의 노동자를 정규직으로 전격 전환했다.

2013년 6월에는 삼성전자서비스의 관행화된 위장도급을 폭로하고 삼성전자서비스 협력업체 노동자들의 노동조합 결성 및 활동을 지원하기 위해 '삼성전자서비스의 불법고용 근절 및 근로기준법 준수를 위한 공동대책위원회'를 결성하고 소집권자로 활동했다. 10월 7일엔 '삼성전자서비스와 협력업체는 조합원에 대한 표적감사, 부당인사 발령, 백색테러, 교섭거부 등 노동조합 탄압과 범법 행위를 즉각 중단하라'는 기자회견을 열었다. 같은 해 11월 6일엔 '삼성전자서비스 고 최종범열사 대책위원회'를 결성하고 상임공동대표에 취임했다. 최종범 열사는 노동조건을 개선하고 노동조합의 활동을 보장할 것 등을 요구하며 스스로 목숨을 끊었고, 그로부터 55일 만에 금속노조와 삼성전자서비스로부터 위임받은 한국경영자총연합회 간의 협상이 타결되었다.

2014년 2월 20일에는 '공정사회파괴·노동인권유린 삼성바로잡기운동본부'를 결성하고 공동대표로 활동했다. 그러던 중 같은 해 5월 17일 염호석 금속노조 삼성전자서비스지회 양산분회장이 삼성의 노동조합 탄압에 항의하며 민주노조 사수를 위해 정동진에서 또 스스로 목숨을 끊고 말았다. 염호석 열사의 명예를 회복하고 임단협(임금협약과 단체협약) 타결을 지원하기 위해 45일간에 걸친 금속노조 삼성전자서비스지회의 삼성전자 본관 앞 노숙 농성에 참여했다. 결국 삼성전자서비스는 협력업체 수리기사들의 사용자임을 부인하면서 장막 뒤에 숨은 채 협력업체 사장단 대표를 내세워 처음으로 단체협약에 합의했다. 두 열사의 희생과 삼성 노동자들의 자주적인 투쟁으로 쟁취한 최초의 단체협약이었다. 사 측은 폐업을 전부 철회했고, 노동자들도 복직했다.

2014년 5월 23일, 민변 노동위원회 위원장으로 2회 연임한 6년간의 임기가 만료되었다.

7
민변 세월호 참사 진상규명과
법률지원 특별위원회 위원장

민변 노동위원장의 임기를 얼마 남겨두지 않은 2014년 4월 16일, 진도 앞바다에서 304명의 무고한 생명들을 구조하지 못한 세월호 참사 사건이 터졌다. 노동위원장 임기가 끝난 후 다소간의 휴식과 재충전을 생각하고 있었지만 그 희망을 접었다. 민변 집행부의 교체 시기였기에 더욱 그랬다.

나는 세월호 참사의 진상을 철저히 규명할 필요성을 예감하고 일찌감치 민변 집행부에 진상 규명과 피해자 지원을 위한 특별기구를 구성할 것을 제안했다. 그리고 4월 25일 '민변 세월호 참사 진상규명과 법률지원을 위한 특별위원회'를 결성하고 민변 세월호 참사 진상규명 특위 위원장을 맡았다.

5월 8일에 '세월호 참사 진상규명 17대 과제'를 선정해 발표하고, 같은 달 29일 언론 기사와 의혹을 집약해 '세월호 참사 진상규명 17대 과제 중간검토보고서'를, 7월 21일엔 국정조사 기관 보고를 분석한 '국정조사 중간보고에 대한 검토보고서'를 작성해 발표했다. 특히 국정조사 기관 보고의 성과와 한계를 분석해 미해결된 의혹 89가지를 제기해, 특별법을 제정해 진상을 규명할 필요성을 실증적으로 증명하고자 했다.

세월호특별조사위원회의 수사권과 기소권 문제를 둘러싸고 논란이 한창이던 9월 15일에는 민변 세월호 참사 진상규명 특위 위원들인 박인동, 손명호, 조영관 변호사와 함께, 세월호 침몰의 직접적 원인과 참사에 이르게 된 10대 원인, 그리고 진상 규명 과제와 대책으로 구성된 〈416세월호 민변의 기록〉을 출간했다. 세월호 참사에 이르게 된 근본적인 배경과 원인을 제시함으로써 지엽 말단적인 수사나 꼬리 자르기식 처벌로 세월호 사태를 덮으려는 시도를 견제하고, 철저한 진상 규명을 위한 방향을 제시하며, 검토해온 결과물을 토대로 독자들이 좀 더 쉽게 세월호 참사의 진상과 원인을 이해하는 데 도움이 되고자 펴낸 대중서였다.

"세월호 참사의 진상은 제대로 밝혀진 것인가? 그에 합당한 책임 추궁이 있었는가? 안전 사회를 위한 대안은 만들어졌는가? 성역 없는 조사를 통해 세월호 참사의 진실이 밝혀질 때까지 진실을 은폐하려는 검은 세력들과의 싸움을 결코 멈추지 않을 것입니다."

2015년 4월 18일 세월호 1주기 결의 대회 때는 광화문 북단 누각 앞에서 청와대로의 행진을 가로막는 경찰 병력에 맞서 인권침해감시단의 일원으로 인권 침해 감시 활동을 벌였다. 이 과정에서 집회 참가 시민에게 쌍욕을 하는 경찰의 행동을 제지하고, 시민들의 안면을 겨냥해 최루액을 난사하는 과잉 행위에 항의하다 또다시 특수공무집행방해죄의 현행범인으로 체포·연행되었다. 피해자로 조사를 받은 경찰관은 내게 폭행을 당하지 않았다고 진술했는데도 검사는 구속영장을 청구했다. 참으로 황당한 상황이 발생한 것이다. 구속영장이 청구되었다는 소식이 전해지자 세월호 유가족을 비롯해 6만여 명의 시민들이 영장 전담 재판부에 구속영장을 기각해달라는 탄원서를 제출했다.

집회 현장에서의 잦은 체포 연행과 구속영장 청구는 내가 속한 민변 변호사들을 긴장시켰다. 무려 116명에 이르는 변호사들이 나의 변호인으로 선임계를 제출했다. 영장실질심사 당일 40석 정도 되는 법정은 변호사들로 가득 찼다. 송강호 주연의 영화 '변호인'을 연상하게 했다. 결국 구속영장은 기각되었다. 그러나 검찰은 끝내 내게 폭행을 당하지 않았다는 경찰관의 진술조서를 누락한 채 불구속 기소했다.

세월호 참사의 진상은 여전히 밝혀지지 않았고 5명이 아직도 가족의 품으로 돌아오지 못했다. 참사 3주기를 앞두고 세월호가 육지로 올라왔다. 진실을 탄압했던 권력의 침몰과 함께. 하지만 세월호는 바로 선 채로 올라온 것이 아니라 누워서 올라왔다. 이

2016년 9월 6일 광화문 세월호 농성장에서 열린 세월호특별법 개정 시민사회
비상시국 기자회견

것은 무엇을 의미하는 걸까? 여전히 온전한 진실 규명을 원하지
않는 힘이 작용한 것 아닐까? 기술의 한계일까? 모든 것이 기울
어져 누워 있으니 우리에게 바로 세울 것을 요구하는 현실을 반
영한 것일까? 누운 배를 세우는 일은 정치를 바로 세우는 일과
직접 연결된다.

　진실을 대면하려는 정치를 만들지 못하면 그 정치가 다시 진
실을 억압하려 들 것이다. 진실을 방해해온 자들과 그들과 타협
하려는 세력에게서 우리는 정치를 되찾아야 한다. 최근에 세월호
참사에 대한 재수사를 위해 검찰수사단이 발족되었다. 정치적 고
려 없이 진실을 규명할 수 있을까? 아직도 찾지 못한 미수습자의
귀환을 간절히 기원한다.

거리에 핀 정의

8
헌법재판소 법정에서 소리치다

2014년 12월 19일은 박근혜 정부가 출범한 지 2주년이 되는 날이기도 하면서 통합진보당 정당 해산이 법정에서 선포된 날이었다. 갑자기 선고일이 잡혔다는 소식에 결론은 예상했다. 하지만 전날까지는 직접 보러 갈 생각이 없었다가 당일 아침 갑자기 '오늘 꼭 가야겠다'는 생각이 확 들었다. 솔직히 진보당을 좋아하지는 않았다. 하지만 '당신의 의견에 동의하지 않는다. 그러나 만일 당신이 그 의견 때문에 박해를 받는다면 나는 당신의 말할 자유를 위해 끝까지 싸울 것이다'는 프랑스 작가이자 사상가인 볼테르의 말이 떠올랐다. 헌법재판소가 정말 반역사적인 선고를 한다면, 누군가는 법정 안 헌법재판관들 면전에서 "당신들은 잘못했다"고 분명히 말해야 한다는 생각이 들었다. 쌍용자동차 정리해고 무효확인 청구 사건에서 대법원이 원심 판결을 파기 환송할 때 법정 안에서는 항의 한마디 못 하고 조용히 밖으로 나와서야 꺼이꺼이 울었다. 그때도 대법관들에게 역사적 평가를 받을 것이라고 누군가 말해줬어야 했는데….

그런데 당시 헌법재판소 선고를 방청하려면 방청권이 있어야 했고, 미리 나눠줘서 당일에는 구할 수 없었다. 무작정 서울 재동 헌법재판소로 갔고, 또 변호사라 둘러댈 말이 있을 거라 믿었다. 실제로 중간에 여러 차례 검문을 받았지만 교묘히 빠져나갔다. 나는 되도록 방청석 앞쪽 자리에 앉았다. 자리에 번호가 붙어 있었기에 방청권을 가진 사람이 나타나면 자리를 비켜줘야 했다. 하지만 방청권을 받은 그 누군가가 내가 앉아 있는 걸 보고 스스로 양보했는지 나는 그 좌석에서 선고를 듣게 되었다. 운이 좋았다. 헌법재판소의 선고 결과는 예상대로였다. 헌법재판관 찬성 의견 8대 1로 "통합진보당은 해산한다"는 것이었다. 대심판정은 쥐 죽은 듯이 조용했다. 말문을 열게 해달라고 성호를 몇 번 그었는지 모른다. 박한철 헌법재판소장이 선고를 마친다는 종료 선언을 하기에 앞서 벌떡 일어섰다. 그리고 소리쳤다.

"오늘로써 헌법이 민주주의를 파괴한 날입니다. 오늘로써 헌법이 민주주의를 살해한 날입니다. 여러분은 역사의 심판을 받게 될 것입니다. 여러분은 역사의 심판을 받게 될 것입니다."

언제 다가왔을까? 대학교 1학년 때 교정에서 시위를 주동하다 이마에 피 흘리며 끌려가던 선배의 모습처럼 나도 입이 틀어막힌 채 헌법재판소 방호원들에 의해 강제로 끌려 나갔다. '민주주의가 퇴보하면 역사는 이렇게 반복되는구나'라는 생각이 들었다. 결국 그 일로 인해 나는 법정소동죄로 기소되었다.

사법 정의 또한 사회정의의 일부에 포함되니 사법 정의의 실현을 통해 사회정의에 기여할 수 있지 않느냐고 누군가 질문을 해왔다. 하지만 국정원 대선 개입 사건에서 나온 '지록위마' 판결이나 헌법재판소의 통합진보당 해산 결정에서 보는 것처럼 현실의 법정은 정의를 세우는 곳이 아니다. 사법이라는 이름으로 도리어 불의한 힘과 권력을 정당화하거나 성공한 자본과 권력에게 면죄부를 주는 일이 다수 발생한다.

헌법재판소의 결정은 정당 해산에 그치지 않고 국민의 생각할 자유, 말할 자유, 모일 자유, 정치할 자유까지 탄압할 강력한 법적 근거를 제공했다. 1987년 민주화 투쟁의 산물로 탄생한 헌법재판소가 그 투쟁 대상이었던 권력에 부역해 도리어 투쟁 주체인 국민의 정치적 자유와 민주주의를 부정해버린 셈이 되었다. 폭력적인 정치와 수구적인 사법의 이종교배를 막지 못한다면 앞으로 우리 사회의 인권과 민주주의는 암흑의 시대를 맞을 수밖에 없다. 이제 국민이 깨어나야 할 차례다.

그로부터 5년 후인 2019년 8월 22일, 2014년의 법정소동 혐의와 2015년의 공무집행방해 혐의 등을 병합한 사건에 대한 1심 판결 선고가 있었다. 2014년 12월 19일 통합진보당 해산 결정 선

2014년 12월 19일 헌법재판소에서 진행된 통합진보당 정당 해산 심판에서 해산 결정이 나자 재판관들을 향해 항의했고, 곧바로 방호원들에게 입이 틀어막힌 채 끌려 나가야 했다. **사진 연합뉴스**

고와 관련한 법정소동죄 혐의에 대해서는 재판을 방해할 목적에 대한 증명이 없어 무죄를, 2015년 4월 18일 세월호 참사 1주기 범국민대회 이후 광화문 북단 시위에서의 민변 인권침해감시단 활동 및 같은 해 8월 15일 세월호 특별법 제정 촉구 집회 종로 2가 보신각 연좌농성 참여에 대한 공무집행방해죄·일반교통방해죄·집시법위반죄(해산명령불응) 혐의에 대해서는 공소 제기가 공소장 일본주의에 위배되어 공소를 기각한다고 선고했다.

무려 4년 이상 끌어온 형사사건 하나가 한 매듭을 짓게 되었다. 검찰은 다시 항소를 하겠지만 기분은 날아갈 듯했다. 애낭초 기소를 하지 말았어야 할 사안을 표적으로 삼아 법정에 세운 공안부 검사들과 국민의 정치적 기본권 및 집회의 자유를 심각하게 침해했던 박근혜 정권에 맞선 끈질긴 법정다툼이었다. 일단 삼세

거리에 핀 정의

판 중 1심 한 판을 이겼다. 오래 걸렸지만 깔끔히.

내 직업을 고려하면 지난 정권 시절 관운이 차고 넘쳤다. 이명박 정권 때부터 시작된 검경과의 악연은 박근혜 정권 때에 들어 더욱 심화되었다.

2009년 5월 14일 서울중앙지방검찰청 앞 '용산 참사 수사기록 은폐 검찰 규탄' 기자회견에서의 체포·연행, 2009년 6월 26일 쌍용차 평택공장 앞 인도에 체포·감금된 조합원들에 대한 변호인 접견을 요구하다 체포·연행(체포적부심 석방), 2013년 7월 25일 대한문 불법설치 화단 앞 집회의 자유 회복을 위한 집회에서 경찰의 집회 방해에 항의하다 체포·연행(구속영장 청구기각), 2015년 4월 18일 세월호 참사 1주기 추모 집회 민변 인권침해감시단 활동 중 체포·연행(구속영장 청구기각), 2015년 9월 23일 민주노총 노동개악저지 집회 세종문화회관 앞 경찰의 폭력에 대한 항의 중 체포·연행(구속영장 청구기각). 2009년 6월 26일 쌍용차 평택공장 앞 공무집행방해 및 상해 사건은 2017년에, 2013년 7월 25일 대한문 앞 특수공무집행방해치상 및 집시법위반 사건은 2018년에 대법원에서 무죄로 확정되었다. 그러니 2019년 8월 22일 1심 선고가 있었던 사건은 검찰과 법정에서 맞붙은 세 번째 사건이었다. 이제 1심 판결이니 아직 갈 길이 멀다. 검찰은 이 세 번째 사건 말고도 또 한 사건(2014년 9월 23일 공무집행방해 및 해산명령불응 사건)을 2019년에 와서야 기소했고 역시 재판 계류 중이다.

'이명박근혜' 정권과 검경은 나를 경찰관들을 상습적으로 폭행하고 불법집회를 선동하며 공권력에 도전하는 변호사로 낙인 찍고 기필코 구속·처벌해 본때를 보여주고 싶어 했다. 하지만 법원에서는 판판히 구속영장을 기각했고 내게 무죄를 선고했다. 2019년 8월 22일 선고된 공무집행방해 사건은 처음부터 기소하지 말았어야 할 사안이었다. 왜냐하면 내게 폭행을 당했다고 했던 경찰관은 검찰 조사에서 자신은 "권영국 변호사에게 팔을 붙잡힌 사실은 있으나 얼마든지 뿌리칠 수 있었고 폭행을 당한 사실은 없다"고 분명히 진술했다. 하지만 검사는 피고인에게 유리한 증거인 이러한 경찰관의 검사 작성 진술조서를 숨기고 법정에 제출하지 않았다. 변호인단의 노력으로 이 진술조서의 존재를 파악하고 재판부의 제출 명령을 통해 받아냈다. 그 진술조서에서 경찰관에 대한 폭행이 없었음이 경찰관의 진술로 확인됐다. 이번 사건은 검찰에게 수사권과 기소권이 독점되어 있을 때 검찰 권력이 어떻게 남용되는지 확인해주는 한 예다. 애초에 기소하지 말았어야 할 이번 사안에 대해 재판부는 검사의 공소 제기 절차가 형사소송법상의 공소장 일본주의에 위반해 무효이므로 공소기각을 선고한다고 판결했다.

공소장 일본주의란 사건에 관해 법원에 예단이 생기게 하는 서류 기타 물건을 첨부하거나 그 내용을 인용해서는 아니 된다는 형사소송법상의 원칙이다. 법관에게 미리 유죄의 예단을 주는 것을 막기 위한 규정이다. 그럼에도 검사는 공소장에 무려 두 장 반에 걸쳐 피고인의 범죄 전력(추후 모두 무죄로 판결받은 사항), 그 이

전의 다수 세월호 집회의 폭력성을 부각하는 표현 등 피고인의 공소사실과 무관한 내용을 기재해 유죄의 예단을 부르고 범죄의 실체 파악에 장애가 될 수 있는 내용을 덕지덕지 나열했다. 결국 과도하고 무리한 기소는 어디에서도 표시가 나는 법이다. 죄가 되지 않을 사안에서 피고인에게 유리한 진술조서를 감추고 기소를 함으로써 검사는 객관 의무를 위반했다. 공정한 수사 의무를 위반했다. 사실상 무고죄이며 직권남용에 해당하는 죄다. 서울중앙지방법원 재판부(판사 장두봉)는 이유는 달랐지만 공소 제기 자체가 무리한 것이었음을 제대로 판단한 것이다. 그런데 2002년 내가 변호사가 된 이후의 경험에 따르면, 공소장에 불필요한 내용을 적었다고 해서 공소기각 판결을 한 예를 듣지 못했다. 교과서에만 나오는 얘기인 줄 알고 있었는데 내 사건에서 "공소기각을 선고한다"는 판사의 낭독을 듣고 잠시 귀를 의심해야했다. 검찰을 크게 나무란 것이나 다를 바 없다.

이러한 판결 결과를 얻어낸 것은 그 동안 헌신적으로 변론을 맡아준 변호인단 덕분이다. 주심 위은진, 정병욱, 하주희 변호사를 중심으로 구속영장 청구 당시부터 많은 민변 변호사들이 참여해주셨다. 이미 세상 사람들에게 까마득히 잊힌 사건인데도 주심을 맡은 변호인들은 4년 이상 동안 언제나 처음처럼 충실히 한땀 한땀 변론에 임해주셨다. 그 변론으로 이뤄낸 의미 있는 성과라고 자부한다. 이 지면을 빌려 최선을 다해 변론해준 변호인단 변호사님들에게 감사를 드린다.

9
"너의 잘못이 아니야": 2016년 구의역 사망재해 시민대책위원회 진상조사단 단장

2016년 5월 28일, 서울메트로 하청업체 소속의 19세 청년 노동자가 지하철 구의역 9-4 승강장 선로 쪽에서 승강장 안전문(스크린도어)을 고치다 전동차에 치여 숨지는 참변이 발생했다. 사고 직후 서울메트로 안전관리본부장은 기자 브리핑을 갖고 '사고 당시 수리 작업에 필요한 보고 절차가 생략된 것 같다'는 취지의 발언을 함으로써 사고 원인을 노동자 개인의 부주의로 돌리는 듯한 태도를 취했다. 구의역 사망사고 이전에 발생했던 두 건의 승강장 안전문 사망재해는 사회적 관심을 받지 못한 채 모두 작업자 부주의로 종결되었다. 그러나 19세 고인이 들고 다니던 작업가방 안에서 뜯지도 못한 컵라면과 숟가락이 발견되면서, 시간에 쫓기며 일해야 했던 서울메트로 하청노동자들의 열악한 작업환경이 조금씩 알려졌다. 그러자 시민들이 자발적으로 구의역 9-4

거리에 핀 정의

승강장 안전문에 쪽지를 붙이기 시작했다.

"네 잘못이 아니야." "이윤이 사람을 죽였다."

시민들은 이번 사고가 개인의 과실 때문이 아니라 안전과 생명을 경시하며 오로지 이윤과 성과만을 최고의 목표로 삼아온 국가 및 지방자치단체의 물질 중심 정책과 이를 반영한 사회구조적 모순에 기인한 것임을 직감했다. 제일 먼저 고인의 또래인 청년들이 구의역 사망사고 장소에 모여 추모의 촛불을 들었고, 구의역에서 출발해 고인의 빈소가 있는 건국대 장례식장까지 행진을 했다. 한 청년을 지키지 못했다는 미안함과 그 죽음을 헛되이 해서는 안 된다는 공감의 표현이었다.

시민들은 구의역 사망사고의 진상을 밝히고 재발 방지 대책을 세우기 위한 실천 기구로서 53개 시민사회 단체가 참여하는 '지하철 비정규직 사망재해 해결과 안전사회를 위한 시민대책위원회'를 구성하고, 서울시와 서울메트로에 공식 사과와 철저한 진상조사를 요구했다. 유가족과 시민들의 분노는 마침내 서울시와 서울메트로의 공식 사과를 이끌어내기에 이르렀다. 서울메트로 사장 직무대행은 "이번 사고의 원인은 고인의 잘못이 아닌 관리와 시스템의 문제가 주원인"이라고 밝혔다.

6월 7일 서울시 교통본부장이 입회한 가운데 유족 대표와 서울메트로 대표는 몇 가지 대책에 합의했다. 사고의 구조적 원인과 진상을 규명하고 재발을 방지하기 위해 진상조사단을 구성해 진상조사를 실시하고, 진상조사단은 노동조합, 서울메트로, 시민단체(시민대책위원회), 서울시가 참여해 구성하며, 서울메트로는 진상조사에 적극 협조해 진상조사단의 조사 결과와 권고 내용에 따라 재발 방지 대책을 수립하고 시행하기로 했다.

6월 27일엔 앞선 합의에 기초해 마침내 구의역 사망재해 시민대책위원회, 서울시, 운영기관(서울메트로·서울도시철도공사), 노동조합이 참여하는 '구의역 사망재해 시민대책위원회 진상조사단'이 정식으로 출범했다. 8월 25일, 서울시청 대회의실에서 가진 시민대책위 진상조사단의 '구의역 진상조사 결과 1차 시민보고회'는 서울시 지하철 승강장 안전문에 관한 진상조사와 안전대책에 관한 것이었다. 이후 8월 26일 구의역 9-4 승강장 스크린도어에 위령표를 부착하며, 지하철 안전 전반을 진단하고 문제점을 검토해 대책을 세울 목표로 2차 진상조사에 들어갔다. 하지만 조사의 물리적 한계와 시국 사태 등으로 인해 지하철 외주 업무 중 일부로 축소해 진행할 수밖에 없었다.

11월 18일 '위험의 외주화·기간제 사용금지 입법 신속처리를 위한 토론회'를 거쳐, 12월 20일 진상조사단 2차 보고회로 시민대책위원회 진상조사단 활동을 마쳤다. 이에 서울메트로와 서울도시철도공사에 외주 업무와 안전업무직의 정규직 로드맵을 마련하고, 전적자가 공사에 재취업할 수 있게 하며, 승강장 안전문 관리소를 증설해 인원을 추가하고 근무 형태를 개선할 것을 권고했다.

거리에 핀 정의

2017년 4월 22일 '최저임금 1만원, 비정규직 정규직 전환, 노조할 권리 쟁취'를 위한 대행진을 마치고 광화문광장에 모인 노동자들끼리 서로 마주 보고 인사하고 있다.

우리가 진정으로 안전한 사회와 일터를 만들기 위해 반드시 고민해야 할 것은 안전의 주체인 노동자의 노동 존엄성을 어떻게 회복할 것인가의 문제다. 존엄은 평등을 전제로 하는 개념이다. 평등하지 않은 고용 체계에서는 차별과 멸시가 존재하고 소통의 단절을 가져온다. 결국 평등하지 않은 노동은 존중받을 수 없고 존중받을 수 없는 노동은 결코 안전할 수 없다.

10
촛불이 횃불 되다:
박근혜정권퇴진 비상국민행동 법률팀장

2016년부터 2017년까지의 겨울은 대한민국 국민은 물론 내 인생에도 특별한 겨울이었다. 당시 나는 박근혜정권퇴진 비상국 민행동 법률팀장으로 촛불집회 1회부터 마지막 24회까지 국민들 과 함께 광장을 지켰다. 한 주 또 한 주 청와대 앞으로 진격하던 일이 아직도 생생하다.

2016년 10월 24일, JTBC는 최순실의 태블릿 피시에 저장되 어 있던 각종 국정농단과 헌정 유린의 내용들을 폭로했다. 국민 들은 자신의 주권이 농락당했다는 사실을 인식하면서 분개했다. 10월 27일 한 비정규노동 활동가(박점규)의 제안으로 동화면세점 앞에서 '이게 나라냐'라는 현수막을 내걸고 규탄 집회를 시작했 고, 이를 기점으로 5개월에 걸쳐 매 주말마다 '퇴진행동'의 촛불집회와 행진이 이어졌다.

시위 참가자의 수는 세계의 이목을 집중시킬 만큼 기하급수적으로 늘어났다. 수만에서 수십만, 수십만에서 수백만 명으로 한 주가 지날 때마다 시위 대열은 엄청난 속도로 불어났다. 서울시청에서 광화문, 그리고 청와대에 이르는 길목은 마치 해방구를 연상시켰다. 발 디딜 틈조차 없는 축제의 장을 만들었다. 수십만 명 이상이 광장을 메우자 질적인 변화가 일어났다. 촛불집회는 대통령의 자진 하야에서 정권 퇴진을 요구하는 시민항쟁으로 발전했다. 시민들은 "박근혜는 퇴진하라"는 구호와 함께 즉각 탄핵과 구속을 외쳤다.

"부역 공범자 황교안과 내각은 사퇴하라. 공범자를 구속하라. 재벌도 공범이다. 재벌 총수 구속하라. 박근혜표 나쁜 정책을 폐기하라. 모든 적폐를 청산하라. 개혁 입법을 마련하라."

2016년 11월 30일 광화문광장에서 민주노총 주최로 결의대회를 갖고 광화문 북단을 거쳐 경북궁역에서 청와대 방향으로 행진을 시도했다. 경찰청은 경복궁역을 넘지 말아야 할 마지노선으로 설정하고 경찰버스로 차벽을 세워 청와대로 향하는 모든 행진을 이곳에서 차단하고 있었다. 박근혜정권퇴진 비상국민행동 법률팀은 민주노총을 대리해 서울행정법원에 경복궁역 이후 청와대 인근 청운효자동주민센터까지의 행진 제한 처분에 대한 효력 정지 신청서를 제출했고, 바로 이날 결정이 나오기로 예정된 날이었다. 하지만 비가 내리고 밤이 깊어지면서 주최 측은 밤 8시경 집회 해산을 선언했다. 집회 참가자는 100여 명으로 줄었다. 공교롭게도 저녁 8시 50분경이 되어서야 서울행정법원은 경찰의 행진 제한 처분에 대해 효력 정지를 명하는 결정을 내렸고, 그 결정이 문자메시지로 경북궁역 사거리에서 경찰의 행진 제한에 항의하고 있던 내게 전달되었다. 나는 경찰을 향해 경찰 차벽을 해제하고 청와대 인근 청운효자동주민센터까지의 행진을 보장할 것을 요구했다. 하지만 경찰은 주최 측에서 집회 해산을 선언했기 때문에 이후 집회나 행진은 불법이라며 해산할 것을 종용했다. 이날 신고된 집회 시간은 밤 11시까지로 되어 있었다. 나는 주최 측이 해산 선언을 했다고 하더라도 밤 11시까지는 집회를 재개하는 것이 얼마든지 가능하다고 설명했다. 경찰은 막무가내였다. 불법집회라며 해산 명령 방송을 반복했다. 나는 비장한 각오로 행진 선도 차량으로 대기하고 있던 화물 트럭에 올라 마이크를 잡았다.

"집회 참가자 여러분, 이후 사태에 대해서는 법률 대리인인 제가 모든 책임을 지겠습니다. 청와대 앞까지의 행진에 동참해주십시오"

"경찰은 법원의 결정에 따라 청운효자동주민센터까지의 행진을 보장하라. 지금부터 열을 세는 동안 경찰 차벽을 해제하지 않으면 우리는 행진을 위해 모든 방법을 강구하겠다. 이후 발생하는 모든 사태의 책임은 법원의 결정을 무시하고 행진을 가로막고 있는 경찰에게 있음을 분명히 경고한다."

거리에 핀 정의

"열, 아홉, 여덟, 일곱, 여섯, 다섯."

그 순간 기적 같은 일이 일어났다. 요지부동일 것 같던 경찰 차벽이 움직이기 시작했다. 청와대 방향으로 경북궁역 사거리를 차단하고 있던 경찰버스들이 하나둘씩 치워졌다. 마침내 청와대를 향하는 길이 열린 것이다. 이날 비를 맞으며 남아 있던 100여 명의 시위대는 국정농단 촛불집회 이후 최초로 경복궁역을 넘어 자하문로를 거쳐 청와대 앞 청운효자동주민센터 앞까지 진격하는 쾌거를 이뤘다. 빗속에서 맛보는 첫 승리감이었다.

촛불집회 행진의 선두에는 항상 노란 옷을 입은 세월호 참사 유가족들이 섰다. 12월 3일 제6차 범국민 촛불집회 때는 세월호 유족들을 위시한 촛불 시민들이 청와대 100미터 앞까지 진출했다. 그날 나는 연설대 위에 올라 외쳤다. "여러분 사랑합니다!" 그 날의 승리는 시민들의 승리였고, 나는 그 승리를 이룬 시민들에게 넘치는 사랑을 고백했다.

마침내 2017년 3월 10일 대통령 박근혜는 탄핵되었다. 국민의 승리였다.

2016년 11월 19일 제4차 범국민행동 촛불집회

2016년 11월 30일 비 오는 중 경복궁 사거리에서 경찰을 향해 차벽을 해제하고
청와대 인근 청운효자동주민센터까지의 행진을 보장할 것을 요구하는 모습

2016년 12월 3일 제6차 범국민행동 촛불집회 당시 청와대 100미터 앞까지
진출했을 때 단상에 올라 "여러분, 사랑합니다"라고 외쳤다.

2017년 2월 4일 제14차 범국민행동 촛불집회 당시 발언하는 모습

2017년 2월 18일 제16차 범국민행동 촛불집회에서
헌법재판소의 결정을 촉구하는 모습

2017년 3월 10일 박근혜 전 대통령 탄핵 선고 당일 헌법재판소 앞에서
발언을 준비하는 모습

11

이재용에 대한 영장 기각 직후
법률가들의 긴급 노숙 농성 투쟁

촛불집회가 정점을 찍던 2017년 1월 19일 이재용에 대한 구속영장이 기각되자 분노한 법률가들이 다음날부터 서울중앙지방법원 앞에서 노숙 농성을 시작했다. 전날 조의연 판사가 이재용에 대한 구속영장 청구를 기각했다는 소식을 접했을 때 도저히 믿을 수가 없었다. 국민연금이 삼성물산과 제일모직 간 합병에 찬성한 것에 대한 대가로 삼성이 비선 실세에게 430억 원의 뇌물을 제공했다고 의심할 수밖에 없는 거래 관계를 두고 대가와 부정한 청탁에 대한 소명이 부족하다고 적었다. 나아가 주거와 생활환경을 고려해볼 때 구속할 수 없다는 궤변을 늘어놓았다.

정경 유착의 적폐를 청산해야 한다고 믿는 국민들의 염원이 수포로 돌아갈지 모른다는 위기감이 엄습해왔다. 특검의 성역 없는 범죄 수사에 제동이 걸릴지도 모른다는 우려가 현실로 다가

거리에 핀 정의

왔다. 법 기술을 동원한 판사의 말장난에 특권이 옹호되는 현실을 두고 볼 수만은 없었다. 법의 이름으로 행해지는 거짓과 위선을 폭로하기 위해 법률가들이 먼저 나섰다. 법 위에 군림하는 정경 유착의 고리를 끊고 사법 정의를 바로 세우기 위해 노숙 농성을 시작했다. 뇌물죄의 핵심 주범을 구속하고 우리 사회의 정의를 살리려면 국민이 다시 나서야 한다. 살아 있는 권력인 삼성 재벌의 총수를 제대로 처벌하기 위해 시민들에게 광장으로 모여달라고 부탁했다.

"특검은 이재용에 대한 구속영장을 재청구하고 법원은 즉각 영장을 발부하라."

과거의 범죄를 처벌하지 않는 것은 미래의 범죄를 조장하는 것이다. 농성에 돌입한 이후 법원 영장 기각 결정의 부당성과 영장 재청구에 동의하는 법률가들의 연명을 대규모로 받아 특검에 제출하고, 특검으로 하여금 빠른 시간 내에 영장을 재청구하도록 촉구했다. 농성 기간 동안 각 대학별로 교수와 로스쿨 학생들은 성명과 실천 활동을 조직해 국민의 여론을 환기시키고, 변호사와 법학 교수들은 거리 강연을 통해 법원 결정의 거짓을 법리적으로 대중에게 폭로하고 확산했다. 법률가 농성단은 이후에도 이재용 구속을 위한 10만인 서명 운동을 전개했다.

잠정적으로 설 연휴 전까지 하기로 했던 한겨울 법률가 노숙 농성은 설을 훌쩍 넘어 2월 5일까지 17일간 이어졌다. 영하 12도 엄동설한에 침낭 온기마저 아쉬운 텐트 노숙을 동료들과 함께 견

2017년 1월 23일 서울중앙지방법원 앞에서 진행한 법률가 노숙 농성

며냈다. 마침내 특검은 2월 16일 영장을 재청구했다. 이에 법률
가 농성단은 2월 16일 저녁 7시부터 집회를 갖고 구속영장이 발
부될 때까지 철야 필리버스터를 진행했다. 비가 많이 오는 상황
에서도 필리버스터는 2월 17일 새벽까지 이어졌고 마침내 새벽
5시 40분경 이재용에게 구속영장이 발부되었다. 이재용 구속은
대한민국의 법치주의가 그나마 이어져가고 있음을 증명하는 것
이자 정경 유착을 일삼는 재벌에 맞선 국민의 승리였다.

"불의한 권력과 거대 자본 앞에 굴종하지 않는 당당한 삶은 얼
마나 가치 있는 일인가. 불의와 타협하지 않는 삶! 그것은 내 인
생의 화두이자 목표다."

거리에 핀 정의

12
촛불항쟁의 성과와 과제

    그 겨울의 감격과 감동을 간직한 채 당시 박근혜정권퇴진 비상국민행동 법률팀장으로서 촛불항쟁을 다시금 정리해 본다.

    2016년 촛불항쟁의 성격은 첫째, 촛불항쟁은 대통령, 비선 실세, 청와대, 재벌, 새누리당, 고위 관료 집단, 국정원, 검찰, 경찰, 수구 언론 등으로 뭉친 수구 기득권 체제, 즉 구체제에 맞서는 국민적 저항 운동이었다. 둘째, 촛불항쟁은 노동자계급이 주도한 계급 혁명이나 '노·농·빈'으로 일컬어지는 기층 민중이 선도하는 민중 혁명이 아니라 주권자 의식으로 각성한 시민들에 의한 시민혁명이었다. 셋째, 촛불항쟁은 광장 민주주의의 지평을 열어 직접민주주의의 가능성을 보여준 투쟁이었다. 넷째, 촛불항쟁은 사회 대개혁을 요구하는 사회 개혁적 투쟁이었다.

    촛불항쟁의 성과는 국민이 주체였다는 점이다. 국회의 탄핵소

추안 의결, 이재용 구속, 헌법재판소의 탄핵 인용 결정, 박근혜 구속에 이르는 일련의 과정에서, 주체는 국회도, 검찰이나 특검도, 헌판재판소도 아니었다. 국민이 주체가 되어 국민의 힘으로 이뤄낸 역사적인 쾌거이자 성과였다. 국민에 의한 탄핵소추, 국민에 의한 파면, 국민에 의한 구속이었다. 광장 민주주의를 통해 국민주권이 실현된 것이었다.

국민의 힘으로 최고 정치권력을 파면하고, 최고 경제권력과 최고 정치권력을 구속시키는 성과를 낸, 승리를 쟁취한 국민적 항쟁이었다. '이명박근혜' 정권에선 2008년 광우병 쇠고기 수입 반대 촛불집회, 2009년 용산 철거민 참사 규탄 투쟁, 한미자유무역협정 국회 비준 반대 투쟁, 4대강 사업 반대 투쟁, 국정원 댓글 대선 부정 선거 투쟁, 세월호 참사 진상규명 투쟁, 노동개악 반대 투쟁, 의료 민영화 반대 투쟁, 테러방지법 반대 투쟁, 국정교과서 반대 투쟁, 한일 '위안부' 합의 반대 투쟁, 사드 배치 반대 투쟁 등 승리하지 못한 투쟁이 이어졌다. 하지만 국정농단 촛불항쟁은 최고 권력을 파면하고 구속시키는 결과를 쟁취함으로써 패배주의를 극복할 전기를 마련했다. 권력과의 대결에서 1차적으로 승리하면서 '촛불시민혁명'이라는 이름을 얻게 된 것이다.

촛불항쟁이 남긴 과제는 다음과 같다.

첫째, 우선적으로 선거제도 개혁을 꼽을 수밖에 없다. 둘째, 국민이 직접 정치와 입법에 개입할 제도적 권한과 여지를 늘려야 한다. 그것은 국민소환제와 국민발안제로 상징된다. 국민발안제는 일정한 수의 국민의 요구가 있으면 법안을 제출하고 심의를 강제할 수 있는 제도다. 이는 대의제를 보완할 직접민주주의 요소다. 셋째, 촛불항쟁으로 각성된 시민들이 일상에서 소비의 대상으로 개별화되고 고립될 것이 아니라 시민사회 단체, 지역 풀뿌리 단체에 참여함으로써 능동적인 주체로서 살아가고 활동해 나가야 한다. 넷째, 시민의 대다수가 직장인이고 노동자임을 고려할 때 노동조합 가입 배가 운동을 전개할 필요가 있다. 직장의 민주화를 위해서도, 일하는 사람이 행복한 정치를 만들기 위해서도 필수적인 것이 노동조합임을 인식해야 한다. 다섯째, 주권자 의식으로 각성된 시민군群이 등장했다. 이제 기존 진보정당 운동의 향수적인 통합이 아니라 살아 있는 주권 의식으로 각성된 시민들을 미래 지향적 정치 세력으로 형성하고, 새로운 정당의 주체로 참여하게 하는 방안을 모색해야 한다.

시민 한 사람 한 사람은 비록 작은 촛불이었지만 그 촛불들이 한데 모이자 커다란 횃불이 되었다. 나는 그 횃불이 세상을 밝히는 현장의 한가운데 서 있었다. 민초들의 힘으로 세상을 바꾸는 현실을 목도했을 때의 그 감격은 내게 새로운 포부를 갖게 해주었다.

1995년 트럭 한 대에 짐을 싣고 무작정 서울로 올라와 사법고시에 합격을 하고 변호사가 되자마자 민주노총 초대 법률원장을 맡았다. 민변 노동위원장을 하며 용산 참사, 쌍용자동차 투쟁, 삼성바로잡기 운동, 세월호 참사 진상규명, 비정규직을 위한 장그래살리기 운동, 구의역 사망재해 진상조사, 촛불항쟁에 참여했다.

하지만 현장 운동만으로는 제도를 바꿀 수 없음을 절감했다. 그 결정적인 계기는 2014년 11월 13일 쌍용자동차 정리해고 무효확인 청구소송에서 원심을 뒤엎은 대법원의 노동자 패소 판결이었다. 그때 나는 법률가임에도 불구하고 사법 정의에 대한 미련을 버린다고 썼다. 세상을 바꾸기 위해서는 정치를 바꿔야 한다고 생각했다. 민중이 자신의 권력을 행사할 정치적 모색을 새로이 시작해야 한다고 마음먹었다. 그래서 2016년 20대 총선에서 용산 참사의 주범 김석기가 출마한 경주에 무소속으로 출마했으나, 3위에 그치고 말았다. 그때 경주 시민들에게 했던 약속이 있었다. 경주 시민들과 함께하겠다는 약속이었다. 그 약속을 지키기 위해 2017년 7월, 나는 다시 짐을 꾸렸다. 22년 동안 정들었던 제2의 고향, 뜨겁고 숭고했던 촛불의 여운이 남은 서울을 떠났다. 그리고 경주로 향했다.

거리에 핀 정의

2017년 3월 25일 제21차 범국민행동 촛불집회에서
"여러분, 그렇지 않습니까?" 하고 물어보는 모습

2013년 12월 28일 서울 보신각 앞에서 열린 민변 '민주주의 수호 비상특별위원회' 집회. 국정원의 대선 개입, 통합진보당 해산 청구 등을 보면서 민주주의의 중대한 위기, 비상시국으로 파악했다.

2013년 12월 28일 시청 앞 광장에서 열린 민주노총 총파업 결의대회에서 연대사를 하는 모습. 철도 민영화 저지를 위한 이날 대회는 10만여 인파가 몰린 가운데 성대히 치러졌다. 20일째 이어지고 있던 철도노조 파업과 박근혜 정부의 민주노총 침탈이 수많은 노동자들의 가슴에 불을 지폈다.

4부

|

경주 시절 : 2017 이후

삽 한 자루 달랑 들고 길을 떠나네
가보지 않은 길을 숱하게 걸어왔지만
언제나 탄탄대로는 없었지
길은 사람이 가야 만들어지는 거라고
또 그런 길을 가보려 하네

2017년 7월 1일

1
경주에 정착하다, 해우법률사무소

2017년 7월 21일, 경주 화랑로 124-1에서 해우解憂법률사무소를 열었다. 이름대로 경주 시민들의 걱정을 내 일처럼 해결해주는 법률사무소가 되어야 할 텐데 말이다. 시내에 플래카드가 걸렸다.

'인권 변호사, 권영국 변호사가 경주에 정착합니다.'

그렇다. 철새처럼 표 몰이를 하러 왔다 가는 게 아니라 정착해서 함께 울고 웃으며 함께 사는 거다. 컴퓨터 한 대 달랑 들고 함께 고민을 나눴던 분들의 격려를 밑천 삼아 지난 20대 총선에서 지역 주민들에게 한 약속을 지키려고 활동 공간을 경북 경주로 이전했다. 풍산 안강공장에서 노동조합 활동을 하다 두 번의 해고와 구속을 겪고 이후 살 길을 찾아 무작정 상경한 지 20여 년이 흘러 다시 돌아온 것이다.

2016년 20대 총선에서 경주 국회의원 후보로 무소속 출마했으나 15.9퍼센트 지지율에 3위로 낙선했다. 하지만 패배한 것만은 아니었다. 지역에 변화 요구가 잠재되어 있음을 확인하는 계기였다. 그리고 마침내 2016년 촛불항쟁에서 국민은 광장의 정치로 국민과 법 위에 군림하며 권력을 농단하던 정권과 부역자들을 끌어내렸다. 그토록 염원하던 정권이 교체되었다. 정권 교체를 계기로 여러 부문에서 비정상적인 현실을 정상화하려는 노력을 경주하고 있다. 하지만 친일 독재에 기반을 두고 수십 년 동안 기득권을 유지해온 세력은 우리 사회 곳곳을 장악하고 있다. 특히 과도히 치우친 경북 지역의 정치적 지형은 청산되어야 할 기득권 지배 세력의 강력한 근거를 마련해주고 있다.

우리의 삶이 바뀌려면 정치가 바뀌어야 하고 정치가 바뀌려면 아래로부터의 변화가 필수적이다. '아래'란 결국 자신이 몸담고 있는 일터와 지역사회일 수밖에 없다. 이것이 내가 지역의 중요성에 주목하게 된 이유다. 나는 맹목적일 만큼 치우친 지역의 정치사회적 지형을 바꿔내지 못하면 우리 정치가 질적으로 발전하기 어려울지도 모른다는 위기감을 갖고 있다. 정치는 사람의 마음을 얻는 데서부터 시작하는 것일 테다. 지난 20대 총선에서 지역 발전을 위해 노력하겠다던 약속을 겸허한 마음으로 실천하려 한다.

'권영국해우법률사무소'는 그 시작이다. 법률 자문과 상담, 변론과 소송 대리, 법률 교육 등이 필요한 분들, 억울한 분들이 많

거리에 핀 정의

2017년 7월 경주로
이사하면서 경주역
근처에 해우법률사무소를
열었고 두 달 뒤인 9월
경북노동인권센터를
설립했다.

이 오면 좋겠다. 잘못된 관행과 인습에 대해 문제의식을 가진 분들이 많이 오면 좋겠다. 경주 지역이 좀 더 개방적이고 평등한 곳으로 바뀌어야 한다고 생각하는 분들이 많이 찾아주면 좋겠다. 많은 분들이 사랑방처럼 편안하게 찾는 공간이 되었으면 한다.

2

경북노동인권센터

2017년 9월 22일 금요일 오후 7시, 경주 현곡에 위치한 경주시 근로자종합복지관에서 경북노동인권센터 창립대회를 개최했다. 이제 우리는 정권 교체를 넘어 사회 전반에 구조화되어 있는 양극화와 불평등, 특권과 반칙, 그로부터 파생되는 각종 부조리한 관행과 문제들을 성찰하면서 좀 더 근본적인 변화를 가져오기 위해 지혜를 모아야 한다. 대중의 일상이 이뤄지는 일터와 지역사회에서 우리 스스로가 주체가 되어 부조리와 불평등을 걷어내고 아래로부터의 변화를 이뤄낼 때 비로소 사회 개혁은 완성될 것이라 믿는다.

많은 사람이 대구·경북의 사회정치적 보수성에 대해 우려를 표하고 있다. 그러나 우려만 한다고 해서 해결될 문제는 아니다. 이는 대구·경북이 좀 더 미래 지향적으로 바뀌어야 대한민국이

2017년 12월 7일 경주문화원에서 경북노동인권센터가 주최한
첫 번째 월례시민강좌가 열렸다.

바뀐다는 것을 역으로 말해준다. 우리는 대구·경북의 한 축을 담당하는 경주 지역을 중심으로 지역사회의 변화에 뜻을 같이하는 분들과 손잡고 걸음마를 시작해보려고 한다.

차별과 불평등의 문제, 노동과 인권의 문제, 교육과 환경의 문제, 농어민과 중소 영세 상인의 생존권 문제, 지방자치와 복지의 문제, 부조리한 관행과 유착의 문제 등 지역사회가 안고 있는 현안을 함께 고민하고 사회적·법적 해결을 모색하기 위한 시민사회 단체로서 경북노동인권센터를 설립했다.

경북노동인권센터는 지역 현안 문제들에 대한 참여와 연대를 기본 활동으로 하고, 법률사무소와 연계해 노동자들은 물론 지역 주민들에게 필요한 상담과 변론 등 다양한 법적 조력도 함께 진행한다. 노동인권센터와 법률사무소는 독립적으로 운영함을 원칙으로 한다. 재정과 관련해 노동인권센터는 회비와 후원으로 운영하고, 법률사무소는 자문 계약과 소송으로 별도 운영한다.

경북노동인권센터의 활동은 다음과 같다. 노동·인권을 비롯한 지역 현안과 관련한 각종 상담 및 자문 활동. 노동부 등 행정기관에의 진정, 고소 고발 등 문제 제기 활동. 법적 분쟁에 대한 변론 등 법률 지원 활동. 주요 의제별 교육 및 강연 활동. 지방자치와 관련한 각종 실태조사 및 연구 활동. 노동·인권 등 공통 이슈에 대한 전국적인 연대 활동. 월례 인권시민강좌.

3
'노동인권변호사 권영국의 경주살이'

2017년 10월 26일부터 경주 지역 인터넷신문 경주포커스에 '노동인권변호사 권영국의 경주살이'를 연재했다. 지면을 통해 경주의 다양한 일상에 내재된 양극화와 불평등, 교육, 환경, 농어민과 중소 영세 상공인, 지역 자치와 복지, 지역의 잘못된 관행과 유착의 문제 등 지역사회가 안고 있는 다양한 문제를 독자 여러분과 함께 고민하면서 사회적 해결을 모색하는 기회로 삼기 위함이었다. 이 글들에는 경주 시민으로 살아가면서 지역사회의 고민을 함께해나가는 모습이 담겨 있다. 한 편씩 소개한다. 끝에 놓인 송선리 석산에 대한 글은 미게재된 것이다.

경주에서 만난 경이로움:
황룡사 동궁과 월지 유적에서 감탄한 신라인의 지혜

2017년 7월 아내와 함께 이삿짐을 싸들고 서울에서 경주로 내려왔다. 2016년 4월 경주에서 지역구 국회의원 후보로 출마하면서 "제가 정치를 하는 한 경주에서 하겠다. 저를 지지해주신다면 최선을 다해 지역을 위해 할 수 있는 역할을 하겠다"고 한 약속을 상기하고 지나치게 보수 일색으로 기울어진 경북의 정치 지형을 바꾸겠다는 각오가 섰기 때문이다.

7월 21일 전공 분야를 살려 경주역 가까운 곳에 '해우법률사무소'를 개소하고, 두 달 후인 9월 22일 지역 차원에서 인권 의식을 높이고 시민운동과 풀뿌리 민주주의를 활성화하는 것을 목표로 경북노동인권센터를 설립했다. 현재 센터에는 회원 300여 명이 참여해 교육 사업, 상담 활동, 실태 연구 사업 등을 조금씩 준비해가고 있다.

센터 설립 후 첫 대외 사업으로 '민변 노동위원회 전체모임'을 경주에서 개최하도록 요청했다. 노동에 관심이 많은 변호사들로 하여금 경북 지역의 노동 현안과 문제점을 공유하고 관심을 갖도록 하려는 것이었다. 또 이런 교류 속에 향후 지역 현안에 법률가들이 공동 대응할 토대가 형성될 수 있을 것이라고 생각했다. 이와 더불어 경주가 역사 문화 도시로서 갖고 있는 아름다움과 매력을 알려주고 싶은 생각도 컸다. 민변 노동위 전체모임은 10월 21일에서 22일까지 1박 2일로 경주에서 진행되었는데 서울에서 23명의 변호사가 내려오고 경주에서 나와 김동창 변호사가 참석했다. 꽤 많은 변호사들이 경주를 찾아와주었다.

1일차에는 최근 고용노동부에서 불법파견으로 판정한 아사히글라스 비정규직의 노동 현실과 7년 넘게 법정 투쟁을 벌인 끝에 다시 현장으로 복직한 발레오만도의 노동 현황에 대해 설명을 듣고, 불법파견과 부당노동행위를 둘러싼 법적 쟁점에 대해 토론을 하는 시간을 가졌다. 지역사회 구성원들 스스로가 주체가 되어 아래로부터의 변화를 이루어낼 수 있도록 노동문제를 포함한 지역의 다양한 현안에 대해 인권 차원에서 지원하고 연대하기 위해 경북노동인권센터를 설립하게 되었다고 소개했다. 경북에도 인권센터가 생겼다는 것에 다들 기대감을 나타냈다.

2일차 오전에는 경주 역사 문화 해설에 타의 추종을 불허한다고 평이 나 있는 김윤근 경주문화원장님을 문화해설사로 초빙해 황룡사 터와 안압지(동궁과 월지)를 방문하기로 했다. 앞에서 말했듯이 이 지역의 역사성과 문화적인 매력을 보여줌으로써 경주를 좋아하게 만들고 싶었던 것이다. 황룡사지에 도착한 시각은

2017년 10월 21일과 22일 경주에서 민변 노동위원회 전체모임을 갖고 함께 동궁과 월지를 찾았다.

오전 10시경, 바람막이가 없는 절터에 때마침 불기 시작한 태풍 바람으로 인해 몸이 거의 날려갈 지경이었다. 갑자기 떨어진 기온은 얇은 가을 옷을 걸친 몸들을 움츠러들게 만들었다.

그런데 김윤근 원장님의 문화 해설은 놀랄 만한 것이었다. "역사는 과거학이 아니라 미래학이다. 과거 속에는 미래로 가는 길이 있다"고 역설했다. 미래는 결국 과거의 연속이자 축적이다. 과거 속에서 우리는 조상들의 지혜를 볼 수 있다. 우리가 유적의 겉모습을 볼 것이 아니라 그 속에 담긴 조상의 얼과 혼을 알아야 우리 역사의 소중함을 알게 된다는 것이었다. 대부분의 건국신화를 보면 힘센 자가 힘이나 무력으로 다른 세력을 제압하고 우두머리가 되어 나라를 세우는 것으로 나오는 반면, 신라는 여섯 부락의 대표자들이 모여 왕을 추대하고 합의로 나라를 세운 거의 유일무

거리에 핀 정의

이한 나라라고 설명했다. 만장일치로 정사를 결정하는 화백 제도를 통해 부족 간 평등과 평화를 추구했던 전통을 간직한 나라임을 알 수 있다는 것이다.

황룡사는 사방 80리 평지로 이뤄진 경주의 중심에 위치해 있고, 진흥왕에서 시작해 선덕여왕에 이르기까지 4대왕 93년에 걸쳐 완성한 대불사다. 불력으로 외세를 막고 삼국을 통일하려는 원대한 꿈이 스미어 있는 곳이다. 삼국 통일 전에 세워진 황룡사는 신라의 중심 경주에 백제 기술자 200여 명을 모셔와 백제에서 유행하던 목탑을 세우고 부처를 모신 금당은 고구려 양식을 따와 세 개의 금당으로 지음으로써 신라와 백제 그리고 고구려를 조화시켜, 처음부터 통일을 염원하는 의지가 녹아 있는 건축물이라는 것이다. 국경을 사이에 두고 적대하던 상대국의 문화를 배척하지 않고 적극적으로 포용함으로써 정신적인 통합을 이뤄내려 한 신라인의 지혜와 노력을 엿볼 수 있는 대목이다. 참으로 감탄하지 않을 수가 없다.

이러한 정신은 삼국 통일 후 만든 동궁과 월지에서도 똑같이 발견된다. 연못을 사이에 두고 한쪽에는 고구려 산성을 상징하는 축조물을 쌓고 그 반대편에는 백제가 위치한 서해의 리아스식 해안을 흉내 낸듯한 부드러운 굴곡의 구조물을 만듦으로써, 삼국 통일 후에도 고구려와 백제의 문화를 조화시켜 정신적인 통일을 이뤄내려 한 신라인들의 배려를 확인할 수 있다. 게다가 연못을 한눈에 볼 수 없도록 설계함으로써 작지만 끝이 보이지 않는, 세계에서 가장 큰 연못을 만들어냈다는 평을 받고 있다고 한다.

인공 연못을 만들면서 물을 끌어들이고 배수하는 과정에 사용한 수리 역학은 찬탄을 자아내게 했다. 물이 흐르는 물길의 폭과 높이를 변화시키는 방법을 통해 느림과 빠름을 조절해 연못에 이르기 이전에 물에 섞여 들어오는 모래와 이물질을 미리 걸러내는 기능까지 설계했다는 설명을 듣는 순간 신라인들의 치밀하고도 과학적인 사고에 그저 감탄을 쏟아낼 수밖에 없었다.

황룡사와 안압지에 대한 탐방은 신라인들의 통일에 대한 염원, 타 집단에 대한 포용력, 그리고 그 유적들의 축조에 사용된 지혜와 과학의 우수성을 느끼게 해준 소중한 기회이자 잘 알지 못했던 경주의 경이로움을 발견한 시간이었다. 우리는 다음 역사 탐방으로 아예 하루 날을 잡아 부처의 나라를 완전히 담고 있다는 불국사와 석굴암을 가보자는 데 의견을 모았다. 물론 김윤근 원장님과 함께. 경주의 매력은 어디까지일까, 벌써부터 호기심에 들떠 있다.

그런데 첨성대 앞에 미국이 원산지인 억새 '핑크 뮬리'를 심는 경주시의 문화 행정은 누구의 아이디어에서 나온 것일까? 비싼 비용을 들여 역사적 의미와 전혀 조화되지 않는 외래 식물을 수입해 심고 그 겉보기 화려함으로 눈길을 끌어보려는 조급한 인식에 실망스럽다. 자랑스러운 역사를 만들어준 조상들에게 우리는 부끄럽지 않은지 돌이켜볼 일이다.

경주에서 버려진 동네:
외동읍 모화리를 찾아서

2016년 20대 총선에서 경주 지역구 국회의원 후보로 출마하고서 주민들에게 인사차 외동읍 모화리를 방문한 적이 있다. 모화리가 경주와 울산의 경계에 위치한 경주 최남단 마을이라는 사실을 그때 알았다.

선거 명함을 들고 무작정 찾아간 곳은 모화리 금성크리스탈 아파트로 들어가는 입구에 위치한 슈퍼마켓이었는데, 가게 주인으로 보이는 아주머니가 "여기는 높은 양반들이 잘 찾아오지 않는 곳인데"라며 어색해하면서도 반갑게 맞아주었다. 나는 국회의원 후보로서 아주머니에게 그 지역에서 가장 시급한 문제가 무엇이라고 생각하는지 물어보았다. 그랬더니 주저 없이 "이곳을 지나가는 7번 국도가 너무 위험해요. 화물차도 엄청난 속도로 달리고, 도로에 인도도 없어요. 가로등도 제대로 갖춰져 있지 않고요. 큰길에서 아파트로 들어오는 길이 거의 90도로 꺾여 있어서 사고 위험도 높아요. 어디다가 얘기해야 할지도 잘 모르겠고요. 이곳은 경주에서 버려진 곳이에요"라고 답했다.

경주에서 버려진 곳이라는 말이 뇌리에 박혔다. 하지만 나는 낙선했고 모화리를 잊었다. 그로부터 1년 반가량이 지난 2017년 9월 다시 모화리를 찾을 계기가 생겼다. 모화리 금성크리스탈 아파트에 세 들어 '작은 도서관'을 운영하는 사람에게서 그곳에 와서 주민과 외국인들을 상대로 인권 및 법률 상담을 해줄 수 있느냐는 제안을 받았기 때문이다. 제안을 수락하고 차를 몰아 가보니 바로 1년 반 전에 들렀던 그 슈퍼마켓이 보였다. 경주에서 버려진 동네를 다시 찾은 것이다. 한 달에 한 번 정기적으로 모화리 작은 도서관을 방문해 독서 모임과 법률 상담을 하기로 약속했다.

그런데 9월 29일, 모화리 주민이자 세 아이의 아빠인 39세 남성이 야간에 울산 경계 지점에서 택시에서 내려 도로 갓길을 이용해 집으로 귀가하던 중 15톤 트럭에 치여 사망하는 사고가 발생했다. 사고가 난 곳은 바로 포항과 경주, 그리고 울산으로 이어지는 산업도로인 7번 국도였다. 7번 국도는 산업 단지가 모여 있는 모화리 앞을 길게 지나고 있다. 그 사고로부터 한 달이 되어갈 무렵인 10월 25일 작은 도서관을 방문했다. 그때서야 그 남성이 택시비를 아끼려고 시 경계 지점에서 택시를 내려 가로등도 없는 7번 국도 갓길을 걸어오다가 도로를 질주하던 화물 트럭에 받혀 사망했다는 소식을 듣게 되었다. 주민들은 도로에 가로등만 있었어도 사고를 피할 수 있었을 것이라며 안타까움을 감추지 못했다. 이날 작은 도서관에 모인 주민들이 7번 국도에 대해 전해준 말은 참으로 충격적이었다.

2012년부터 2016년까지 최근 5년간을 살펴보면 경주는 전국 78개 도시 중 매년 78위로 가장 위험한 도시로 기록되고 교통사고 사망률도 전국 평균보다 2.5~3배 높았으며, 7번 국도 모화리 구간은 평균 사망자가 9명으로 경주 지역 교통사고 사망자 69명 중 13퍼센트가 이곳에서 발생했다는 것이다. 결국 모화리 구간이 우리나라에서 가장 위험한 도로라는 말이 아닌가.

　　그런데 그 불명예는 어쩌면 당연한 것인지도 모른다. 경주 시내에서 불국사역까지의 제한속도는 시속 60킬로미터이고, 모화리부터 울산 쪽 구간의 제한속도는 시속 70킬로미터인 반면, 그 사이에 끼인 불국사역에서 모화리까지 13킬로미터 구간의 제한속도는 시속 80킬로미터로 제일 높다. 그조차도 속도 제한 카메라가 1차선만 단속하고 있어 2차선을 달리는 화물 차량은 속도를 낮출 필요가 없다. 게다가 불국사역에서 모화리 경계에 이르는 구간에는 인도가 거의 없으며, 도로변에는 가로등조차 없다. 모화리 주민들은 교통사고에 거의 무방비로 노출되어 있는 셈이다.

　　어떻게 이런 위험이 계속 지속되고 있었을까? 도로 관리와 관련해 불국동까지는 경주시의 관할인 반면, 불국동을 넘은 외동읍 도로는 시의 관할이 아니고 부산지방국토관리청의 소관으로 포항국토관리사무소에서 관리하도록 나뉘어 있다. 경주시 도로의 제한속도 설정과 변경은 경주경찰서장의 권한으로 되어 있다. 외동읍 도로에서 교통사고 위험이 가장 높은 것은 이처럼 관할 기관이 분산되어 있다 보니 서로 책임을 떠넘기기 쉬운 구조였던 것과 무관치 않아 보인다.

전국에서 1위를 달리고 있는 모화리 구간의 교통사고 사망률을 줄이려면 차도 양편에 인도를 만들고 가로등과 안전 펜스를 설치해야 한다. 그리고 시내에서 불국동까지 적용하고 있는 속도(60킬로미터)를 모화리 구간에도 연장 적용해 차량의 제한속도를 낮춰야 한다. 지금까지 경주시청을 포함해 국토관리청, 경주경찰서 등은 모화리 구간의 교통사고 사망률을 줄이기 위한 대책을 서로 외면해온 셈이다. 그로 인해 외동읍 모화리는 경주에서 버려진 동네처럼 취급되어온 것이다.

10월 25일 모화리 주민들이 '초록그물코 작은 도서관'에 모여 마침내 '7번국도 안전대책위원회'를 만들었다. 나는 법률 자문을 해주기로 했다. 그날 대책위는 읍장실을 방문해 7번 국도의 안전을 위해 협력할 것을 요구하고 '안전한 마을 만들기' 서명 운동을 시작했다. 경주시청에 연락해 7번 국도와 관련한 기관들이 한자리에 모이는 주민 간담회를 요구했다. 7번 국도의 안전을 도모하기 위해서는 관련 기관의 실무 책임자들이 한데 모여 종합적인 대책을 세우는 것이 무엇보다도 필요해 보인다.

지금 대책위의 활동은 진행형이다. 대책위의 활동이 이번 기회에 경주시의 시정을 조금이라도 바꾸어낼 수 있을까? 그보다 더 중요한 것은 버려진 동네의 주민들이 스스로 자신의 안전과 권리를 찾기 위해 일어섰다는 사실이다. '7번 국도 안전대책위원

회' 파이팅! 주민자치 파이팅

난생처음 5.4 지진을 경험하다

2017년 11월 15일 점심시간이 끝나고 오후 업무를 하고 있을 때였다. 경주역에서 가까운 곳에 위치한 건물 3층, 나는 사무실 책상 앞에 앉아 서면 작업을 하고 있었다. 갑작스럽게 진동이 느껴졌다. 처음에는 건물 주변에서 굴착기로 땅 파는 작업을 하는가라는 생각이 스쳤다. 그런데 이내 의자에 강한 떨림이 전해지고 사무실 전체가 흔들거렸다. 자리에서 일어나자 바닥에 심한 동요가 느껴졌다. 순간 밖으로 뛰어나가야 하나 어딘가로 숨어야 하나 망설여졌다. 사무실 사람들이 모두 자리에 일어나 어어 하며 놀라고 있었다. 아, 이런 게 지진이구나. 강한 진동을 느껴보기는 생전 처음이었다.

곧이어 포항 지역에서 5.5 규모의 지진이 발생했다고 알리는 긴급 재난 문자메시지가 휴대폰 화면에 들어왔다. 건물 밖으로 내려가 보니 사이렌이 울리고 있었다. 인도에는 길을 지나가던 아주머니가 걱정스러운 표정으로 서 있었다. "또 지진이네요"라고 한마디 했다. 사이렌 소리가 사라지기를 기다려 다시 건물로 올라와보니 포털 사이트에는 지진 속보들이 뜨고 있었다. 얼마 지나지 않아 다시 4.6 규모의 지진이 건물을 약하게 흔들었다.

2016년 9월 12일 경주에서 5.8 규모의 지진이 발생했을 때에는 서울에 있었다. 당시에는 경주 분들에게 안부를 물으며 염려해주는 처지였지만 이번 지진 때는 달랐다. 포항 흥해읍에서 발생한 5.4 규모의 지진은 건물 3층에 위치한 사무실의 진동으로 고스란히 내게 전달되었다. 그래서 페이스북에 "포항 경주 지역 5.5 지진 발생했어요. 건물 3층 경주 사무실이 심각하게 흔들렸어요. 깜짝 놀라 내려왔더니 사이렌에 울리고 있습니다"라고 올렸더니 걱정해주는 답글들이 달렸다. 염려해주던 처지에서 염려를 받는 처지로 바뀐 것이다.

정작 문제는 포항 지역에서 들려오는 소식들이었다. 담벼락이 무너지고, 자동차가 파손되고, 건물이 기울고, 사람이 다쳐 수십 명의 부상자가 발생하고, 수백 명에 달하는 이재민들이 발생했다는 소식이었다. 경주 지진보다 규모는 약한 것이었으나 진앙지가 지표면에서 가까워 실제로 느끼는 강도는 경주 지진의 것보다 훨씬 크고 피해도 크다고 했다. 그 순간 경주 양남면에 위치한 월성 원전은 과연 안전할까라는 의문이 들었다. 만일 지진의 진앙지가 원전이 있는 곳이었다면 어떻게 되었을까? 상상만으로도 소름이 돋았다.

포항 지역의 피해 신고는 갈수록 증가했고, 포항 지역에서 수능 고사장로 지정된 학교 건물의 안정성 문제로 수능 시험이 일주일 연기되는 초유의 사태가 발생했다. 정부는 포항 지역을 특별 재난 지역으로 선포하기에 이르렀다. 어떤 모습일지 궁금했다. 피해가 얼마나 돼야 특별 재난 지역으로 선포되는 걸까? 지진 진앙지에서 가까운 아파트가 기울어져 주민들이 모두 대피했다는 소식마저 들렸다.

11월 21일 김용식 경북노동인권센터 집행위원장과 함께 이번 지진의 진앙지로 알려진 포항 흥해읍 용천1리와 2리를 찾았다. 피해 상황을 직접 확인해보고 싶었다. 진앙지로 가기 위해 흥해읍내를 통과하던 중 흥해초등학교를 먼저 마주치게 되었다.

1969년에 지어졌다는 흥해초등학교 건물동의 기둥에 시멘트가 떨어져나가 철골이 앙상히 드러나고 외벽에선 선명한 균열 선들이 눈에 들어왔다. 교육청 직원의 안내를 받아 학교의 복도와 교실로 들어가보니 더욱 심각해보였다. 천정에 붙인 판들이 바닥에 떨어져 파손되어 있고, 천정에는 뺑뺑 구멍이 나 있고, 벽기둥 안쪽도 구멍이 날 정도로 파손되어 있었다. 2층으로 올라가는 계단 벽 또한 결을 따라 갈라져 있었다. 폐허 건물에 들어온 것 같았다. 우리가 들어가본 흥해초등학교 건물동은 폐쇄 결정이 내려져 곧 철거할 예정이라고 했다.

다음으로 지진으로 기울어졌다는 대성아파트를 가보았다. 경찰들이 아파트 입구에 줄을 쳐놓고 출입을 통제하고 있었다. 변

2017년 11월 경주와 포항 지역에 강진이 발생했을 당시 피해 상황을 확인하기 위해 들른 포항 흥해초등학교 내부의 파손된 모습

호사라고 밝히고 피해 상황을 확인하러 왔다고 하니 길을 열어 주었다. 건물 한 동이 약간 기울어져 있고 그 건물 벽면에는 위에서 아래로 쭉 갈라질 것처럼 균열이 나 있었다. 건물이 약간 내려앉은 듯 기둥 아래쪽이 짓눌린 것처럼 파손되어 있었고, 현관문이 휘어져 유리는 박살이 난 채 바닥에 흩어져 있었다. 언제 무너질지도 모른다는 느낌이 들어 건물 안으로 들어가기가 주저되었다. 1층 안쪽 계단 벽에도 균열이 띠를 형성하고 있었다. 문이 열려 있는 호실 안으로 들어 가보니 반찬통과 그릇 등 물건들이 바닥으로 쏟아진 채 아수라장이 되어 있었다. 급히 피난을 떠난 듯 옷가지들이 바닥과 침대에 널려 있었다.

그다음으로 진앙지 바로 옆 마을인 흥해읍 용천2리의 마을회관을 들렀는데 마침 그곳에 계시던 할머니 네 분이 우리를 반갑게 맞아주었다. 이분들은 지진이 나던 날도 마을회관에서 놀고 있었는데 엉금엉금 기어서 마당으로 나왔다고 두려웠던 순간을 설명해주었다.

"어이구, 말도 마이소. 얼마나 심하게 흔들리든지 정신을 차릴 수가 있어야지."

그중 한 분은 집이 무너질지도 모른다고 해서 지진 이후 아예 회관에서 생활하고 있다고 했다. 마을에는 금이 안 간 집이 없다고 했다. 무너질지도 모른다는 집을 가보았더니 벽면에 큰 구멍이 뚫려 있었고, 건물 곳곳에 깊은 금이 가 있었다. 그 부근의 집들도 보았는데 벽면에 깊은 균열이 나 있는 집들이 눈에 들어왔다. 특히 벽돌집들의 피해가 커보였다. 이들 집들에 대한 안전 진단이 필요해 보였으나 시에서는 육안 검사만 하고 갔다고 한다.

한 주민에게 건물에 대한 정밀 안전 진단을 시나 구청에 신청해보았느냐고 물었다. 이미 구청에 연락했는데 구청 직원에게서 정밀 안전 진단을 하는 곳을 소개해줄 수 있으나 비용은 자기 부담이라는 답변을 들었다는 것이다. 그러나 정밀 안전 진단 비용이 생각보다 만만치 않아 엄두를 내기 힘들다고 했다. 재난안전법(재난 및 안전관리 기본법) 제58조에서는 재난 피해를 입은 사람은 재난 피해 상황을 신고하고 재난 관리 책임 기관의 장은 재난 피해 상황을 조사할 수 있다고 규정하고 있다. 따라서 국가나 지방자치단체의 비용으로 건물에 대한 안전성 검사가 가능한 것으로 해석된다. 국가나 지방자치단체는 주민들의 안전을 위해 건물에 대한 안전 진단부터 서둘러야 한다.

지진은 마른하늘에 날벼락처럼 사람들에게 공포와 상처를 남겼다. 그러나 이제 지진은 우연히 지나가는 일과성 재난이 아닌 게 되어버렸다. 동해 남부 쪽에 존재하는 단층들이 활성 단계에 들어갔을지도 모른다는 우울한 보도가 나오는 판이다. 지진 피해를 복구할 뿐 아니라, 내진 설계가 없는 건물을 전수 조사하고 보강 공사를 하는 등 대비가 필요해 보인다. 활성 단층 지역에 밀집되어 있는 원전은 가동을 중단하고 축소하는 문제 또한 미룰 수 없는 과제가 되었다. 더 이상 안이하게 넘길 일이 아니다.

'경주 탈핵 순례'를 아십니까?

매주 목요일, 오전 10시 경주시청에 모여 그곳을 출발해 경주역으로, 경주역에서 아래시장으로, 다시 신라대종까지 걷고, 그곳을 반환점으로 해 출발점인 경주시청까지 돌아오는, 4시간에 걸친 행진을 하는 사람들이 있다. 스스로 '경주 탈핵 순례'라고 부른다. 이들은 '지진보다 더 무섭다. 핵발전소 폐쇄하라' '불안해서 못살겠다. 월성원전 이주 대책 마련하라'는 현수막을 들고 몸 대자보를 한 채 10명 남짓 모여 수개월째 매주 목요일마다 행진을 하고 있다. 이들은 경주 시내에서 30킬로미터쯤 떨어진 양남면 나아리에서 온 '월성원전 인접지역 이주대책위원회' 소속 회원들과 이들을 지원하는 시민 단체 분들이다.

나는 2016년 총선에서 경주 국회의원 후보로 출마했을 당시 경주의 23개 읍면동을 돌아보았다. 아니, 큰길 위주로 돌아다녔다고 하는 것이 맞는 표현일 것이다. 예비 후보 기간을 포함해 선거운동 기간이 고작 50여 일 남짓했던 터라 서울 면적의 2.3배나 되는 경주 지역 전체를 공들여 방문하는 것은 그 자체로 불가능한 일이었기 때문이다. 그 와중에도 유독 기억에 남아 잊히지 않는 곳이 있다. 그곳이 바로 경주 양남면에 위치한 나아리라는 마을이다. 나아리를 찾았을 때 가장 먼저 눈에 들어온 것은 매우 가까운 곳에 위치한 핵발전소의 돔이었다. 한국수력원자력 홍보관 표지를 발견하고 따라가보니 월성원전 후문에서 불과 몇 백 킬로미터 떨어진 도로 옆 인도에 비닐하우스처럼 만든 이주대책위 농성장이 있었다. 원전 인근 주민들은 이곳 농성장을 근거지로 삼아 정부와 한국수력원자력에 핵발전소 방사능으로부터 안전한 지역으로 이주시켜줄 것을 요구하며 수백 일째 농성을 이어오고 있었다.

총선 당시 그곳을 찾았을 때 중수로인 월성원전에서 다량 발생하는 삼중수소가 원전 주변 주민들의 체내에서 상당한 양으로 검출되었다는 이야기를 전해 들었다. 삼중수소는 방사선 물질로 반감기는 12.5년 정도이고 체내에 흡수되면 베타 붕괴를 일으켜 베타선을 내놓고 헬륨으로 전환되는데, 이 과정에서 세포의 DNA를 손상하거나 변형을 일으켜 암발생률을 높이는 위험을 갖고 있다고 했다.

촛불항쟁이 끝난 후 서울에서 내려와 경북노동인권센터를 출범시키고 조금 여유가 생긴 틈을 타 2017년 11월 6일 다시 나아리를 찾았다. 촛불항쟁의 힘으로 정권 교체가 이뤄진 후 월성원전 인접 지역 이주 대책에 어떤 진전이 있는지 궁금했기 때문이다. 찾아간 날은 월요일 아침이었는데, 이주대책위 회원 분들은 월성원전 출근시간에 맞춰 농성장에서 월성원전 후문까지 편도 차선으로 상여를 끌고 정부와 한국수력원자력에 이주 대책을 마련해줄 것을 요구하는 시위를 벌였다. 알고 보니 매 월요일 아침 시위는 3년째 이어온 항의 행동이었다. 나도 미안한 마음으로 시위에 함께 참여했다. 시위 후 농성장에 들러, 이들이 3년째 시위를 하고 경주 시내까지 진출해 탈핵 순례에 나선 이유를 다시 들을 수 있었다.

2년 전 월성원전 민간 환경감시기구에서 원전 주변 주민들의 소변을 채취해 체내 방사능 농도를 측정했는데, 나아리 등 원전 반경 1킬로미터 내 주민들의 방사능 농도는 평균 리터당 10베크렐(Bq/L), 반경 5킬로미터 떨어진 하서리에서는 리터당 5베크렐이 검출된 반면, 30킬로미터 떨어진 경주 시내에서는 극미량으로 검출되지 않은 것으로 나타났다. 월성원전에서 1.2킬로미터 떨어진 곳에 30년간 살고 있는 이주대책위 부위원장 황분희 씨의 체내 방사능 수치는 리터당 28.1베크렐, 남편은 리터당 24.8베크렐, 함께 살고 있는 다섯 살 손자의 몸에선 리터당 17.5베크렐이 검출됐다. 월성원전에서 근무하는 근무자의 경우에는 무려 리터당 157베크렐로 15배가량 높게 나타났다. 이를 통해 알 수 있는 것은 피폭되는 방사능 농도와 원전과의 거리는 역비례 관계, 즉 원전 가까운 곳에 거주할수록 체내 방사능 농도가 기하급수적으로 증가한다는 사실이다.

방사능 노출로 생긴 피해는 이미 주민들의 사례를 통해 충분히 확인되고 있다. 월성원전 반경 1.2킬로미터 내에 거주해온 황분희 씨의 경우 5년 전에 갑상선암이 발병해 수술을 받았고, 월성원전에서 2킬로미터 떨어진 곳인 양남면 상라리에서 20년째 살고 있는 한 주민의 경우에는 엄마와 딸과 아들, 일가족 모두가 갑상선암에 걸려 성대 등을 잘라내는 수술을 받고 고통 속에 살고 있다. 월성원전에서 북쪽으로 4킬로미터 떨어진 곳에 감포읍 대본1리라는 해안가 마을이 있다. 그 마을에는 수십 년간 바다에서 '물질'을 해온 해녀들이 20여 명 있는데 이들 중 절반가량이 이미 갑상선암이 발병해 수술을 하거나 진단을 받았다. 핵발전소에서 바다로 흘려보낸, 방사성 물질이 포함된 온배수와 관련 있을 것으로 보인다.

고리원전 반경 7킬로미터에서 10년간 살았다는 한 가족의 경우에는 남편이 직장암, 아내가 갑상선암에 걸렸고 아들이 발달장애를 앓고 있는데, 2014년 10월 17일 부산지방법원 동부지원은 일가족이 한국수력원자력을 상대로 낸 손해배상 소송에서 "원자력발전소에서 거리가 멀수록 갑상선암 발생률은 감소했으며, 원자력발전소 주변 지역(5킬로미터 이내) 여자 주민의 갑상선암 발병률은 원거리 대조 지역(30킬로미터 이상 지역) 여자 주민의 2.5배에 이르는 것으로 나타났다"는 서울대 역학조사 연구 결과를 인용해 갑상선암 발병과 원전과의 거리가 밀접한 관련이 있음을 인정하는 판결을 내렸다.

정부와 한국수력원자력이 원자력 전기에너지를 아무리 청정에너지로 둔갑시켜 선전해도 사람들은 핵발전소에서 지속적으로 방사능 물질이 유출되고 있다는 사실을 알고 있으며, 이 때문에 핵발전소 주변 땅과 집값은 폭락해 누구도 사러 나서지를 않는다. 핵발전소 인접 지역 주민들이 다른 곳으로 이주하고 싶어도 이주할 수가 없는 상황에 처해버린 것이다. 그런데 원자력안전법 제89조에서는 거주의 제한을 명할 수 있는 구역을 제한구역(EAB)으로 정하고 있는데, 정부는 이 제한구역 범위를 원전으로부터 914미터로 설정해놓고 그 경계 밖에 살고 있는 원전 주변 주민들의 이주 대책 요구에 대해 법적 근거가 없다는 이유로 외면하고 있다. 얼마나 비현실적인 구역 설정인가? 5킬로미터 이내 핵발전소 주변 지역에서 피폭으로 인한 갑상선암 발병률이 원거리 지역에 비해 2.5배 이르는 것으로 나타난 점을 감안한다면, 적어도 핵발전소 폐쇄 전까지는 순차적으로 2킬로미터, 3킬로미터로 제한구역을 늘려 주민들을 이주시킴으로써 핵발전소 방사능 유출로 인한 암 발병의 공포에서 벗어나도록 하는 것이 국가의 책무다.

핵발전소 인근 주민들은 국가 에너지 정책이라는 대의에 밀려 건강과 재산권을 잃어가고 있다. 거시적인 탈핵 정책만으로는 이들의 피해를 해결할 수 없음이 자명하다. 이들 또한 마땅히 안전한 곳에서 살아가도록 이주 대책을 마련해야 한다. "내가 피해를 보고 있고 내 몸이 피해를 받고 살고 있는데 왜 국가는 모른 척하

'월성원전 인접지역 이주대책위원회' 회원들은 매주 '경주 탈핵 순례'를 진행하고 있다. 2017년 11월 20일 경주시청에서 탈핵경주시민공동행동이 방재 대책을 요구하는 기자회견을 열었다.

2019년 3월 9일 경주역 앞에서 탈핵경주시민공동행동이 월성원전 폐쇄를 위한 시위에 나섰다.

고 있습니까? 이곳이 아니고 먼 곳에 있는 사람들의 전기 생산을 위해 우리에게 희생하라는 것은 국가의 횡포입니다"라는 항변에 뭐라 답할 것인가. 연대는 고통받는 이웃에 대한 관심에서 시작된다. 경주 탈핵 순례에 함께해주시라.

신라의 건국신화를 찾아서

2018년 새해를 경주에서 맞았다. 구름 한 점 없이 맑고 차가운 겨울의 한가운데서 말이다. 해를 넘기며 새해를 경주에서 맞았으니 이제 물어볼 것도 없이 경주 시민이다. 다만 국민의 힘으로 불의한 권력을 파면한 정유년을 보내기가 아쉬웠는지 해를 넘기기 이틀 전부터 감기 몸살로 자리보전까지 해야 했다. 어쩌면 2017년 여름 서울에서 경주로 내려와 새로운 환경에 적응하려다 보니 모르는 사이 몸에 과부하가 걸렸나 보다. 다행스레 아내의 간호로 새해를 맞이하기 몇 시간 전부터 몸 상태가 호전되기 시작했다. 새해를 다시 건강하게 맞을 수 있다는 사실에 감사했다.

경주에서 맞는 새해 첫날, 무엇을 할까 궁리해보다가 문득 신라의 기원을 찾아보고 싶어졌다. 아내와 상의하니 좋다고 했다. 우리는 점심으로 떡국을 끓여 먹고 신라의 시조왕인 박혁거세의 탄생 설화가 서려 있는 나정과 왕이 사후에 묻힌 오릉을 가보기로 했다. 박혁거세가 왕이 된 유래를 더듬어 올라가면 신라의 기원이 보일 것 같아서였다.

황성동에서 7번 국도를 타고 울산 방면으로 가다 경주국립박물관을 조금 지나 경주 IC 방향으로 접어들어 얼마간 가다 보니 나정과 양산재라는 표지판을 발견할 수 있었다. 제일 먼저 도착한 곳이 양산재 사당이었다.

삼국사기 신라 본기에 따르면, 옛날 한반도 동남쪽 진한 땅(지금의 경주 지역)에는 고조선의 유민이 산골짜기마다 씨족 부락을 이뤄 여섯 마을로 나뉘어 살았는데, 알천의 양산촌, 돌산의 고허촌, 취산의 진지촌, 무산의 대수촌, 금산의 가리촌, 명활산의 고야촌 등 사로 6촌이 바로 그것이다. 6부촌으로도 불리었는데 이는 사로 6촌이 신라 6부로 발전하면서 붙여진 명칭으로 보인다. 삼국사기에 따르면, 중국 전한의 선제 5년(기원전 69년) 3월 초 하루에 6부의 조상, 즉 6촌의 촌장들은 각기 그 자제들을 데리고 양산촌의 알천가 박바위(표암)에 모였다. 표암이란 빛나는 바위라는 뜻이다. 그곳에서 이들은 자신들을 다스릴 군주가 없어서 백성들이 각자 제 마음 내키는 대로 행동해 질서가 없음을 지적하고 덕 있는 이를 찾아내 군주를 세우고 나라의 틀을 마련하기로 결의했다. 그 결의에 따라 6부의 촌장들은 알에서 태어난 박혁거세의 나이 13세가 되던 해인 기원전 57년에 그를 왕으로 추대했고, 박혁거세는 즉위하자 왕호를 거서간으로, 국호를 서라벌이라 했다. 서라벌에서 '서라'는 신라를 다른 한자로 표기한 것이며, '벌'은 신라의 지명 어미에 많이 붙는 것으로 원, 국, 성을 의미한다고 한다. 결국 서라벌은 '신라국'을 의미하는 것으로, 6부 촌장이 합의로 왕을 추대함에 따라 마침내 신라가 탄생한 것이다. 신라의 3대왕 유리왕은 신라를 탄생시킨 6부 촌장들의 건국 공로를 기리기 위해 알천 양산촌장인 알평에게 이씨, 돌산 고어촌장인 소벌도리에게 최씨, 무산 대수촌의 촌장 구례마에게 손씨, 취산 진지촌의 촌장 지백호에게 정씨, 금산 가리촌의 촌장 지타에게 배씨, 명활산 고야촌의 촌장 호진(설거백)에게 설씨로 고유한 성을 내렸고, 이들은 각 성씨의 시조가 됐다. 이처럼 신라를 탄생시키는 데 공로가 지대한 6부 촌장들을 모신 사당이 바로 양산재다.

양산재에 바로 인접한 곳에 나정이 있는데, 신라의 시조왕 박혁거세가 태어났다는 전설이 깃든 우물이다. 현재 사적 제245호로 지정되어 있다. 나정과 관련해 삼국사기 신라 본기 제일시조 혁거세거서간에 이 우물에 관한 다음과 같은 기록이 있다.

"어느 날, 진한 6촌의 하나인 고허촌의 촌장 소벌공이 양산 밑 나정 우물곁에 있는 숲 사이를 바라보니 이상한 빛이 하늘로부터 드리웠는데, 그 빛 속에 흰말 한 마리가 무릎을 꿇고 울고 있으므로 그곳으로 찾아가 보니 그 말은 간 곳이 없고 다만 불그스름한 큰 알이 있을 뿐이었다. 그 알을 이상히 여겨 깨어보니, 그 알 속에는 신기하게도 예쁘고 통통한 어린 사내아이가 들어 있었다. 소벌공이 즉시 이 아이를 데려다가 길렀더니, 날로 자라나 나이 열셋에 이르렀을 때 남들보다 유달리 뛰어나게 되었다. 이에 여섯 마을 사람들은 그 아이의 출생이 이상했던 까닭에 그를 높이 받들어 임금을 삼았는데, 그 알이 바가지만 했으므로 성을 박(朴)

이라 하고, 빛으로 세상을 다스린다는 뜻으로 이름을 혁거세(赫居世)라 했으니, 그가 신라의 시조 박혁거세요, 경주 박씨의 시조다."

우리는 여기서 두 가지 교훈을 얻을 수 있다. 첫째, 신라의 건국은 타민족에 대한 정벌을 통해서나 피비린내 나는 내부 권력 투쟁을 통해서 이룩한 것이 아니라 6부 촌장의 합의에 의해 이루어졌다는 사실이다. 이러한 정치적 결정은 다른 나라 역사에서는 유래를 찾기 어렵다. 6부 촌장이 건국을 위해 한곳에 모여 회의를 한 것이 바로 화백 제도의 시초로 볼 수 있다. 신라는 건국 초부터 힘을 통한 통치가 아니라 화백 제도를 통해 민주적인 의사 결정 제도를 정착시킨 나라였음을 알 수 있다. 그런데 현재 경주는 대한민국에서 청렴도가 꼴찌인 지역으로 전락했다. 경주는 박정희 정권 이후 수십 년간 풀뿌리 민주주의가 발전하지 못하고 기득권 세력을 옹호하는 일당이 지역의 정치·경제·사회·문화를 독점하는 체제를 지속함으로써 안에서부터 썩고 있다.

둘째, 알에서 태어났다는 난생설화는 박혁거세가 토착민이 아닌 이방인이라는 사실을 암시하고 있다. 6개 촌락에서 각기 씨족을 이루며 살고 있던 사람들이 신라 땅의 주인이었으나 알에서 태어난 이방인을 시조왕으로 추대했던 것이다. 이는 현재 외지인에게 배타적인 정서가 유난히 강한 경주에서 그 시사하는 바가 크다. 신라는 외지인을 왕으로 추대하고 나라를 세울 만큼 개방적인 태도를 갖고 있었음을 엿볼 수 있다. 지역의 시조라고 할 수 있는 6부 촌장 스스로 왕이 되려고 하지 않고 덕이 있고 더 지혜로운 자를 왕으로 세운 것이다. 이러한 전통은 왜국의 동북쪽 천 리 되는 곳에 있다는 다파니국 출신 석탈해왕의 신화와 금궤에서 나와 신라 김씨 왕조의 시조가 된 김알지 설화(김씨 최초로 왕위에 오른 이가 알지의 7대손인 미추왕이다)를 통해서도 확인되고 있다. 그런데 지금의 경주는 어떠한가? 경주 태생이 아니면 그 사람의 덕목이나 능력과는 무관하게 단지 외지인이라는 이유만으로 인정하지 않으려는 폐쇄적이고 배타적인 인습이 팽배해 보인다. 출신과 태생을 모든 것의 우위에 두려는 닫힌 태도를 지속하는 한 경주는 발전하기 어렵다. 인재의 유입을 두려워하는데 어찌 변화와 발전을 기약할 수 있겠는가.

난생설화가 깃든 나정에서 느끼는 착잡한 감정을 뒤로하고 1킬로미터쯤 떨어진 오릉으로 향했다. 오릉은 아무런 장식이 없는 원형 토분으로 사적 제172호로 지정된 곳인데 경주 포석로(황리단길) 왼편에 위치해 있다. 따사로운 햇살과 함께 다섯 개의 서로 다른 크기의 능이 우리를 맞아주었다. 부드러운 능선이 무척이나 포근하고 아름답게 느껴졌다. 오릉에는 두 가지 설이 전해지는데, 삼국유사에서는 '신라 시조인 박혁거세가 승천했다가 오체로 나뉘어 지상에 떨어진 시신을 합장하고자 하는데, 큰 뱀이 쫓아와 방해하므로 오체를 각각 나누어 장사지냈으므로 오릉이라고 하며, 사릉蛇陵이라고도 일컫는다'라고 전하며, 삼국사기에서는 '오릉은 박혁거세왕, 알영왕비, 남해왕(2대), 유리왕(3대), 파사왕(5대)과 같이 박씨 왕가의 초기 능묘'라고 전한다.

오릉 둘레를 천천히 걸으며 나는 아내에게 물었다. "경주가 다시 신라의 영광을 되찾아올 수 있을까? 경주 주민들이 닫힌 마음을 열고 인재를 중심으로 변화를 받아들일 수 있을까?" 아내가 말했다. "그야 이곳에 사는 사람들에게 달렸겠지…." 오릉 관람을 마치고 나오니 새해 첫날이 서쪽으로 뉘엿뉘엿 넘어가고 있었다.

❖ 참고로 알천 양산촌은 경주 동방, 인왕, 구황, 노동, 노서, 동부, 성동, 성건동 일대, 돌산 고허촌은 경주 배동, 내남면 덕천리, 울주군 두서, 두동면 일대, 취산 진지촌은 경주 진현동, 외동읍 일대, 무산 대수촌은 경주 현곡면 일대, 금산 가리촌은 경주 감포읍 양남, 양북면 일대, 명활산 고야촌은 경주 천북면 화산, 물천 동산리, 안강읍 일대를 가리킨다.

거리에 핀 정의

삼성 재벌 총수는 구속되지 않는다!

2018년 2월 5일 오후 오랜만에 상경해 개헌 관련 국회 토론회에 참석하던 중 휴대폰에 속보가 떴다. 서울고등법원 항소심 재판부(형사13부, 재판장 정형식)가 이재용 삼성그룹 부회장의 뇌물 등 사건에서 피고인 이재용을 집행유예로 석방한다는 기사였다. 순간 믿기지 않았다. 어떻게 이런 판결이 가능한 것일까?

2017년 그맘때 변호사와 법학 교수들로 구성된 법률가 농성단은 서울중앙지방법원 앞에서 정경 유착의 핵심인 이재용에 대한 구속영장을 기각한 법원 결정에 항의해 노숙 농성에 돌입했다. 이재용은 대통령과 비선 실세에게 433억 원 상당의 뇌물을 주고 삼성의 경영권 세습 지원을 청탁한 부패의 몸통이자 국회 위증과 범죄 부인으로 증거를 인멸할 우려가 상당히 높다는 이유에서다. 당시 2주간 지속된 법률가들의 노숙 농성은 사회적으로 상당한 반향을 불러일으켰다. '삼성 재벌 총수는 구속되지 않는다'는 신화가 더 이상 계속되어서는 안 된다는 공감대가 형성됐다. 결국 특검의 영장 재청구로 이재용은 구속됐다. 삼성그룹의 후계자 이재용이 구속됨으로써 '법 위의 삼성' 신화가 무너지는 듯했다.

하지만 노숙 농성을 해산한 날로부터 정확히 1년이 지난 2월 5일, 서울고등법원 항소심 재판부는 이재용에게 뇌물죄 등에 대해 징역 5년 형을 선고한 1심 판결을 파기하고, 징역 2년 6월에 집행유예 4년으로 감형해 석방했다. 법률가들의 노숙 농성을 무위로 돌려버렸다. 항소심 재판부는 이 사건의 성격을 정치권력과 경제권력 간의 정경 유착이 아니라 삼성 재벌 총수 후계자가 최고 권력자에게 겁박을 당해 수동적으로 돈을 건넨 사건으로 규정했다. 정치권력 위에 존재하는 최고 경제권력을 단순한 피해자로 둔갑시킨 것이다.

항소심 재판부가 이재용을 피해자로 둔갑시켜 집행유예를 선고하기 위해 꺼낸 카드는 삼성그룹의 경영권 승계 작업을 부정하는 것이었다. "포괄적 현안의 내용을 이루고 있다는 개별 현안들의 진행 자체가 승계 작업을 위해 이뤄졌다고 볼 아무런 증거가 없다. 부정한 청탁의 대상으로서 포괄적 현안인 경영권 승계 작업은 존재하지 않았다"고 단정했다. 최순실의 조카인 장시호가 운영하는 한국동계스포츠영재센터에 16억 2800만 원, 미르·K스포츠재단에 204억 원을 출연한 행위를 제3자 뇌물죄로 처벌하려면 부정한 청탁이 있어야 하는데, '부정한 청탁'의 대상이 되는 '경영권 승계 작업의 존재'를 입증할 증거가 없다고 판단했다. 청탁의 대상이 없는데 무슨 부정한 청탁이 가능하겠느냐는 논리다.

이러한 항소심 재판부의 판단은 객관적인 증거와 정면으로 배치된다. 2014년 5월 이건희 회장이 심근경색으로 자리를 보전한 후 경영 복귀의 가망이 사라지자 사망 이후를 대비해 아들인 이재용에게 신속히 경영권을 승계하는 작업이 필요했던 것은 삼척동자가 다 아는 일이다. 박근혜 정부 당시인 2014년 금융감독원과 공정거래위원회가 각각 작성한 보고서에는 이재용의 지배권 확보를 위한 지배 구조 개편 내용이 담겨 있다. 같은 해 청와대 민정수석비서관실도 '이건희 유고의 장기화와 경영권 승계가 가시화되는 상황에서 삼성의 당면 과제는 이재용 체제의 안착이고 정부도 상당한 영향력을 행사하는 것이 가능하다'는 취지의 보고서를 작성했다. 이를 바탕으로 1심 재판부는 "금융 감독 기관의 전문가들은 삼성그룹 지배 구조 개편이 피고인 이재용의 계열사에 대한 지배력 확보와 관련이 있다고 평가 분석하고 있다"며 승계 작업의 존재를 인정했던 것이다.

이재용의 승계 작업은 삼성물산과 제일모직 합병 과정에서 분명히 드러났다. 합병이 진행되던 2015년 한국기업지배구조원은 "합병 목적이 경영권 차원에서 이루어졌다"며 국민연금공단에 불리한 합병 비율에 반대할 것을 권고했다. 재판 과정에서 박 전 대통령이 최원영 전 고용복지수석에게 "삼성물산과 제일모직 간 합병 관련해 국민연금 의결권 행사에 대해 챙겨보라"고 지시했던 사실도 증언을 통해 밝혀졌다.

그런데 항소심 재판부는 경영권 승계에 대한 박 전 대통령의

2018년 6월 5일 대법원 앞에서 열린 '사법농단 규탄 법률가 기자회견'

지시 사항과 이재용과 독대하며 대화한 내용이 상세히 기재된 안종범 경제수석의 업무 일지, 청와대 수석실이 작성해 박 전 대통령에게 보고한 경영권 승계 관련 보고서의 증거능력을 모두 배척했다. "작성자가 승계와 관련한 여러 사정을 추론해 작성한 의견서"에 불과한 것으로 보고 "보고서만으로 박 전 대통령이 삼성 승계 작업을 인식하고 있다고 볼 수 없다"고 단정했다. 그리고 "보고서만으로 삼성이 승계 작업을 추진했음을 직접적으로 인정할 수 없다"고 결론 내렸다.

항소심 재판부의 판결은 삼성의 경영권 승계와 관련된 다른 판결과도 정면으로 충돌하고 있다. 안종범 경제수석은 법정에 나와 수첩에 "박근혜 전 대통령의 말을 그대로 받아 적었다"고 진술했고, 2017년 12월 장시호 사건에서도 서울중앙지방법원 형사22부는 수첩에 기재된 내용과 사실관계가 일치하는 점을 들어 안종범 수첩에 대해 "안 전 수석이 대통령에게 들은 말을 기계적으로 적은 것"으로 증거능력을 인정했다. 항소심 재판부는 그동안 업무 일지의 증거능력을 인정해온 판례를 뒤집은 것이다.

또 국민연금공단의 합병 찬성 배경에 박 전 대통령의 지시가 있었다고 인정한 문형표 전 보건복지부 장관의 2심 판결과도 충돌한다. 문 전 장관 등의 1심, 2심 판결문은 일관되게 삼성의 경영권 승계를 인정했다. 특히 2심 재판부는 "제일모직 주식의 합병 가액에 대한 삼성물산 주식의 합병 가액 비율이 낮게 산정될수록 삼성그룹 대주주 일가의 합병 후 삼성전자에 대한 지배력이 강화되는 구조"라고 지적했다. 실제 합병 비율은 제일모직 1대 삼성물산 0.46으로 이재용에게 유리하게 결정됐고, 이 때문에 문 전 장관과 함께 기소된 홍완선 전 국민연금공단 기금운용본부장은 "업무상 임무를 위배해 이재용 등 삼성그룹 대주주에게 재산상 이익을 취하게 하고, 국민연금의 이익을 상실하도록 했다"며 징역 2년 6개월을 선고받았다. 대한민국에서 이재용 항소심 재판부 판사들만이 삼성 경영권 승계를 몰랐다는 것이다. 참으로 민망하고 어이없는 일이 아닐 수 없다. '전형적으로' 손바닥으로 하늘을 가린 형국이 아닌가. 남들은 다 알아도 나는 모르겠다는 이 억지스러운 법 논리 앞에서 할 말을 잃는다.

항소심 재판부는 유일하게 정유라의 승마 지원으로 지급한 금전을 뇌물로 인정했는데 삼성이 여전히 말에 대한 소유 명의를 갖고 있다는 이유만으로 뇌물액을 72억 원에서 36억 원으로 반토막을 냈다. 이를 통해 이재용의 횡령 금액을 50억 원 미만인 36억 원으로 낮추어주는 배려까지 서슴지(?) 않았다. 특정경제범죄법에서 횡령액이 50억 원 이상이 되면 5년 이상의 유기징역 또는 무기징역에 처하도록 정한 반면, 금액이 5억 원 이상 50억 원 미만이면 3년 이상의 유기징역에 처하도록 정하고 있음을 고려해 집행유예가 가능하도록 횡령액을 축소한 것으로 보인다. 알아서 금액까지 맞추어주니 얼마나 친절한 법원인가.

백번 양보해 항소심 재판부가 최소로 인정한 뇌물 공여, 횡령액 36억 원만을 놓고 보더라도 집행유예 선고는 노골적인 봐주기 판결이 아닐 수 없다. 대법원 양형 기준에서는 3000만~5000만 원의 뇌물 공여에 대해 징역 10개월~1년 6개월을, 1억 원 이상의 뇌물 공여자에게는 2년 6개월~3년 6개월을 권고하고 있다. 서울중앙지방법원은 2012년 방송통신위원회 국장에게 3477만 원의 뇌물을 공여해 기소된 아이티컨설팅 업체 대표에게 징역 1년의 실형을 선고했다. 혐의를 부인했다는 이유였다. 2013년 울산지방법원에서는 한국수력원자력 직원에게 9100만 원의 뇌물을 준 혐의로 기소된 납품 업체 대표에게 징역 2년 6개월의 실형을 선고했다. 재판부는 "범행의 상당 부분이 한국수력원자력의 요구에 수동적으로 응한 것으로 보이고 잘못을 깊이 반성하고 있다"고 정상을 참작했지만 실형이 선고된 것이다. 또

2017년 12월 14일 수원지방법원에서는 삼성물산 자금 10억 원을 횡령한 혐의로 기소된 직원에게 징역 4년의 실형을 선고했다. 피고인은 피해 회복을 약속했으나 소용없었다. 횡령액이 거액이라 죄질이 불량하다는 이유였다.

이재용 부회장의 경우는 이들 사례보다 횡령 금액은 월등히 많고 죄질 면에서 더 나쁘다. 이재용은 항소심 최후 변론에서 "리더로 인정받고 싶었던 제가 왜 뇌물을 주고 청탁을 하겠습니까?"라며 자신의 혐의를 전면 부인했다. 그에게는 이렇다 할 정상 참작 사유가 보이지 않는다. 그런데도 그는 징역 2년 6개월에 집행유예 4년을 선고받고 풀려났다. 끝까지 혐의를 부인하고도 집행유예로 풀려난 것이야말로 구치소를 나오는 그가 만면에 미소를 감출 수 없었던 이유가 아니었을까.

이재용 부회장에 대한 항소심 판결은 사회적 신분에 따라 법 적용을 달리한 것이라는 의심을 지울 수 없다. 양심과 법률에 따라 판결해야 할 판사가 스스로 '법 앞에 평등' 원칙을 걷어차버린 격이다. 만인 앞에 드러난 증거와 사실에도 불구하고 재벌 총수 앞에 굴복한 법관의 모습이 보인다. '삼성 재벌 총수는 구속되지 않는다'는 신화가 다시 부활하는 것일까. 재벌 앞에만 서면 작아지는 사법의 적폐를 우리는 언제쯤 청산할 수 있을까.

다스 소유의 진실을 찾아서:
"다스를 사회로 환원하라"

경주 외동농공단지 입구에 위치한 주식회사 다스는 14개의 해외 법인을 거느리고 연매출액 2조 원이 넘는 자동차 부품 제조업체로서 경주에서 내로라하는 중견 기업이다. 2017년 연말부터 이명박 씨에 대한 검찰의 전 방위적인 수사가 진행되면서 다스의 주인이 누구인지를 둘러싸고 다시 사회적 이목이 집중되고 있다.

이명박 씨는 2007년 대선 당시 새누리당 후보로 나와 텔레비전 토론회에서 다스는 결단코 자신과 무관하며 다스의 실소유주라는 주장은 새빨간 거짓말이라고 공격했다. 2018년 3월 14일 서울중앙지방검찰청에 소환된 그는 10여 년 전과 마찬가지로 다스는 자신과 무관하다며 다스의 소유권을 완강히 부인했다. 남들은 모두 이명박 씨의 소유라고 증언하는데도 정작 당사자는 자기 것이 아니라며 손사래를 치는 형국이다. 남들은 이구동성으로 그의 것이라고 하는데도, 그 자신은 연매출 2조 원이 넘는 알짜배기 회사의 소유권을 부인하는 참으로 희한한 일이 벌어지고 있는 것이다.

다스가 누구의 것인지가 뭐가 대수인가 하는 분들이 있을지도 모른다. 그런데 다스는 이명박 씨가 자산을 불려나간 주요 수단이자 수백억 원에 달하는 비자금을 만들어낸 통로였다. 다스 실소유 의혹 문제는 다스 인수의 종자돈이 된 도곡동 땅의 실소유자 문제, 140억 원에 이르는 다스의 BBK 투자와 BBK 투자자문 회사의 실소유자 문제, 청와대를 동원한 투자금 회수 과정의 직권남용 문제, 다스의 BBK 투자금 반환 소송 비용에 대한 삼성의 대납 문제, 수백억 원에 달하는 다스 자금 횡령 문제와 연결되어 있다.

이 때문에 다스의 실소유와 관련한 논란이 전국적인 관심 사항으로 연일 부각되고 있다. 그럼에도 다스 본사와 공장이 있는 경주는 이상하리만큼 조용하다. 정작 누구보다도 다스와 직접적인 이해관계를 갖고 있는 공장 노동자들과 경주 지역사회는 아직까지 한 번도 입장을 내놓은 바가 없다. 전 방위적인 검찰 수사가 지나가기만을 기다리는 것일까, 아니면 어떻게 대응할지 잘 몰라서일까. 어쩌면 다스의 실소유 정체가 밝혀진다 하더라도 달라지는 것이 없다고 생각하기 때문일지도 모른다.

다스 실소유 논란과 관련해 무엇보다 찜찜한 것은 이명박 씨가 다스의 소유권을 부인함으로써 표면상의 소유권과 실질적인 지배권 사이에 불일치가 발생하고, 그 둘 사이의 대립과 갈등에서 비롯한 다스 경영의 불투명성과 불안정성이 갈수록 증대한다는 점이다. 이러한 우려는 현실로 나타났다.

다스의 지분 구조를 보면, 당초 이명박 씨의 친형인 이상은 다스 회장이 46.85퍼센트, 고인이 된 이명박 씨의 처남 김재정 씨가 48.99퍼센트를 갖고 있었다. 하지만 2010년 2월 김씨가 사망하자 김씨 아내 권 모 씨가 다스 지분을 물려받으면서 상속세를 다스 비상장 주식으로 물납하고 청계재단에 상속 지분 중 5퍼센트를 기부하는 이해하기 힘든 일이 발생했다. 권씨는 상속세를 상속 지분으로 물납함으로써 견실한 회사의 최대 주주 지위를 포기해버린 것이다. 이후 다스 지분은 이회장 47.26퍼센트, 권씨 23.6퍼센트, 권씨 상속세를 지분으로 받은 기획재정부 19.91퍼센트, 청계재단 5.03퍼센트, 이명박 씨 후원회장 출신인 김 모 씨 4.2퍼센트로 나뉘어졌다.

표면상의 소유권을 가진 이회장의 아들 이동형은 2008년 다스에 입사한 후 실권을 갖게 되자 이회장의 지분을 증여받을 목적으로 자신 소유의 법인을 만들어 수백억 원에 달하는 증여세를 마련하기 위한 실행에 착수했다. 이동형은 주식회사 아이엠을 설립하고 이 법인을 통해 증여세 상당의 자금을 마련할 계획을 세워 다스에 설치하려던 1600톤 프레스를 아이엠으로 빼돌리려고 했으나 노동조합에 발각되었다. 결국 이동형이 아버지 이회장의 지분을 차지하려고 증여를 시도했으나 수포로 돌아갔다.

이에 불안감을 느낀 이명박 측에서는 2010년 8월 아들 이시형을 다스에 입사시킨 후 이회장의 지분을 이시형에게로 승계하기 위한 프로젝트를 꾸몄던 정황이 드러났다. 다스의 실소유 여부 등을 수사하는 서울중앙지방검찰청 첨단범죄수사1부는 이명박 씨의 사무실이 있는 서울 서초구 영포빌딩을 압수수색하는 과정에서 '프로젝트 Z'라고 이름 붙여진 문건을 확보했는데, 이 문건에는 2010년 하반기 이회장 지분을 이시형에게 이전해 다스를 사실상 이시형이 보유하게끔 만드는 내용이 담겨 있었다는 것이다. 이회장의 다스 지분 비율을 낮추고 이시형에게 이전하는 내용의 프로젝트를 추진하기 위해 인수·합병 전문 업체와 국내 대형 회계 법인까지 동원했고, 구체적으로 대주주 지분 확보에 자주 활용돼온 신주인수권부 사채를 발행하고 외부 자금을 끌어오는 등의 방법이 논의된 것으로 알려졌다. 그러나 이 프로젝트는 실행에 옮겨지지 않았다. 외부 자금을 동원하는 과정에서 다스 내부 사정이 알려질 위험성이 있고, 자금 조달에도 어려움이 있었던 것으로 보인다(한국일보 2018년 3월 1일자 참조).

이회장의 다스 지분을 이시형에게로 이전하려던 승계 프로젝트 Z가 실패하자, 그 대신에 이시형의 별도 법인을 만들어 그 법인에게 다스의 자금, 사업 기회, 사업 이익을 몰아주는 방식의 편법 승계를 계획하고 추진한 사실이 폭로되었다. 이시형에게 다스를 승계해주기 위해 만든 법인이 바로 '주식회사 에스엠'인데, 에스엠은 이시형이 75퍼센트, 이명박 씨의 매제인 김 모 씨가 25퍼센트의 지분을 보유한 회사다. 에스엠이 사업 체계를 갖추자 2016년 다스의 자금으로 다스의 부품 협력업체인 '다온'을 에스엠 소유로 인수하고, 이어 '디엠아이'를 인수함으로써 에스엠의 기업 확장을 본격적으로 추진했다. 2018년에는 주식회사 디엠을 인수할 예정이었다고 하나 수사로 인해 중단된 상태다.

이처럼 다스는 자신과 무관하다며 오리발을 내민 이명박 씨는 뒤로는 아들에게로 승계하기 위한 작업을 착착 진행해온 것이다. 다스 소유권에 대한 이명박 씨의 부인이 계속되고 아들에게로의 편법 승계 시나리오를 포기하지 않는다면, 다스는 어느 순간 껍데기만 남고 곧 사라질지도 모른다. 스타렉스 차종 생산이 종료되는 2022년에 다스가 정리될 것이라는 의혹이 심상치 않게 들리는 이유다. 이명박 씨가 검찰에 소환되기 직전, 승계 시나리오와 관련된 강경호 사장과 정학용 전무는 사표를 냈고 이동형은 부사장에서 물러났다. 정작 이시형은 평사원으로 지위를 바꿔 외부로 드러나지 않는 다스 감사실 법무팀원으로 배정됐다. 다스에 후계자를 묻어둔 것이다. 언젠가 편법 승계가 다시 추진될 때 다스 노동자들의 운명은 위태롭다.

이명박 씨는 2007년 대선 후보 당시 전 재산을 사회에 환원하겠다고 약속한 바 있다. 그 약속에 대해 일말의 염치가 있다면 숨겨둔 후계자 이시형을 당장 다스에서 내보내고 다스의 지분을 사회에 환원할 방안을 노동조합과 협의해야 한다. 이제 이명박 씨에게 남은 일은 다스를 사회에 환원하고 겸허히 법의 심판을 받는 일이다.

거리에 핀 정의

얼떨결에 계 탄 날:
30년 만에 꿈에 그리던 공장 땅을 밟았다

2018년 4월 7일 토요일은 풍산 벚꽃축제가 열리는 날이었다. 경북노동인권센터에서 예정한 정기 산행과 일정이 겹쳤다. 다행히 축제는 오후 5시 이후로 되어 있어 정기 산행을 마치고 서두르면 참여할 수 있을 것 같았다. 오전 9시 센터 회원들은 통일전 주차장에서 만나 칠불암을 향해 산행 길에 올랐다. 진달래와 봄꽃들, 연한 녹색의 잎들이 시선을 사로잡는다. 때맞춰 내린 많은 봄비 덕분에 산 계곡을 타고 흐르는 물소리 또한 힘차고 정겹다. 바위 벽면을 깎아 만든 일곱 부처님에게 경건히 삼배를 올리고 산 아래로 펼쳐진 풍경을 바라보다 감탄사를 쏟아낸다. 하산하는 길에 식당에 들러 미나리전과 추어탕, 막걸리 한 사발로 피곤을 날렸다.

오후 5시 등산복 차림 그대로 나와 아내는 정종길 초대 풍산노조 안강공장지부장과 배우자인 이강희 안강·강동 시의원 후보를 만나 풍산 벚꽃축제에 참여하러 풍산 안강공장을 향했다. 우리는 안강공장 외곽에 위치한 경비 초소 좌우를 따라 펼쳐진 벚꽃 길을 걸으며 축제에 참여한 사람들과 인사를 나눌 생각이었다. 30년 전인 1989년 1월 방위산업체에서 파업을 했다는 이유로 해고된 후 공장 울타리 안으로의 출입은 '절대 불허'였기 때문이다. 1988년 풍산노조 안강공장지부를 설립하고 파업 투쟁의 선봉에 섰던 두 사람과 배우자들이 50대 중반의 나이로 30년 전 투쟁의 현장을 다시 찾은 셈이다.

풍산다리 건너편에 차를 세우고 다리를 건넜다. 다리를 건너면 외곽 초소가 나온다. 상춘객들이 하나둘씩 초소 경비들을 지나쳐 초소 안쪽에 위치한 행사장으로 들어가는 모습이 보였다. 초소 울타리 안에 위치한 운동장에 행사장이 마련되어 있었다. 노란 외투를 껴입은 우리들을 보고 직원들이 잡지는 않을까 우려했으나 "어디 가시나요?"라는 청원경찰의 물음에 "축제에 참여하러 갑니다"라는 답변으로 무사통과했다. 아내는 행여 붙잡힐까 불안한 마음에 저만치 앞서서 갔다. 아무도 잡지 않는데도 지레 제 발 저려 눈치를 살펴야 했다. 우린 아직 30년 전 그날의 기억 속에 머물고 있었다.

그보다 더 놀라운, 전혀 예상하지 못한 상황이 펼쳐졌다. 상춘객들은 곧장 행사장으로 들어가는 것이 아니라 그곳을 지나 꽤 긴 거리를 걸어 안강공장 정문을 향해 가고 있는 것이다. 웬일일까 궁금해하는데 공장 안에 위치한 직원식당에서 저녁식사로 짜장면을 주고 행사장에서는 500인분의 '치맥'을 제공한다는 게 아닌가. 벚꽃축제에 참여한 일반 시민들이 공장 안 장소로 들어갈 수 있다는 뜻이다. 해고자 신분인 우리도 들어갈 수 있을까. 묘한 감정이 교차했다.

1989년 1월 지부장과 나를 포함한 25명의 노조 간부들이 해고된 후 우린 안강공장 외곽 초소 안으로 결코 발을 들여놓을 수 없는 경계 1호의 인물이 되었다. 그런데 나는 '오늘' 경주 시민의 한 사람으로 벚꽃축제에 참가하러 온 상춘객들을 따라 공장 안으로 들어가게 된 것이다. 잠시이겠지만 30년 동안 출입이 불허된 금기의 땅에 발을 들여놓게 된다니, 도무지 믿기지 않았다. 교도소에서 출소한 후 해고 동지들과 함께 공장 안 노동조합 사무실에 들어가기 위해 얼마나 많은 몸싸움을 벌여야 했던가. 그때마다 우리는 경비 초소 앞에서 처절히 내팽개쳐졌다. 정문은 고사하고 외곽 초소 경계조차 단 한 발짝도 넘을 수 없었던 통한의 세월이었다. 실향민들이 두고 온 고향을 잊지 못하듯 해고자들은 두고 온 공장을 결코 잊지 못한다.

살다 보면 이렇게 횡재하는 날도 있나 보다. 나는 최대한 천천히 정지부장과 나란히 초소에서부터 정문에 이르는 길을 따라 걸었다. 얼마나 오매불망했던 길인가. 정문에 도착하니 국기 게양대가 설치된 공장 본관이 선명히 눈에 들어왔다. 정문 경계선을 넘어 공장 안 부지로 발을 들여놓으려는 순간 마음 깊은 곳에서 울컥 뜨거움이 밀려왔다. 아, 얼마나 오고 싶었던 곳인가. 초소에서 십 분이 채 안 되는 이곳, 잠시 하늘을 올려다보았다. 그리고 마치 유리 위를 걷듯 조심스레 발을 옮기며 정문 안에서 손님들을 안내하고 있던 청원경찰에게 악수를 청했다. "오랜만입니다. 혹시 저를 알아보시겠습니까?"라고 말을 건넸더니 "아, 오랜만입니다. 반갑습니다. 그럼요, 텔레비전을 통해 활동하시는 모습을 보았습니다"라고 대답하는 것이 아닌가. 아직도 우릴 기억하고 있구나. 다시 가슴이 뭉클해졌다. 정문을 통과한 후 공장 본관 앞 국기 게양대 옆에 섰다. 공장 본관 앞 공터는 1988년 12월 파업 당시 3천, 4천의 조합원들이 모여 집회를 하던 곳이다. 공장 본관을 배경으로 나랑 정지부장, 그리고 아내들이 굳이 짝을 맞출 필요 없이 서로 팔짱을 부여잡고 기념사진을 찍었다. 이 기회를 놓치면 다시는 오지 않을 것처럼….

본관 뒤로 돌아 직원식당에 들어서자 상춘객과 풍산 직원들로 북적대고 있었다. 낯익은 얼굴들이 나랑 정지부장을 보자 놀랐다. "어, 여길 어떻게 들어왔어요? 반갑습니다." "잘 지냈는교? 이게 얼마만입니까?" "안 그래도 활동하는 모습 언론을 통해서 보고 있었습니다." 마치 옛 친구를 만난 것처럼 중년을 넘어선 풍산 노동자들이 손을 내밀어 앞다퉈 인사했다. 식탁에 앉아 짜장면을 먹던 분들도 우리를 알아보고는 일어나 반갑게 손을 잡아주었다. 세월이 무상하다고들 하지만 기억을 지우지는 못하나 보다. 우린 그렇게 30년 전의 기억으로 다시 만났다. 부여잡은 손들에서 반가움이 진하게 묻어났다. 바뀐 것은 기세등등하던 청년의 모습에서 반백의 흰머리 중년의 모습이 되었다는 것….

짜장면을 먹는 동안 오래전 풍산노조 위원장이었던 박상훈과 지부 사무장을 지낸 이재상이 합석을 하고 식사 후 안강공장지부 노동조합 사무실에도 가보자고 했다. 헐, 노동조합 사무실까지…. 결코 바랄 수 없던 장소였다. 안강공장을 쫓겨나기 직전 파업 지도부가 머물렀던 곳인데 식당 바로 뒤에 위치해 있었다. 식당 후문을 열고 나서자 '풍산노동조합 안강지부'라고 새겨진 나무 현판이 눈에 들어왔다. 아, 우리가 안강공장에 노동조합 지부를 설립하면서 지부 사무실 문 옆에 걸었던 현판이었다. 세월의 풍파에 빛이 바랜 듯했지만 30년 전의 모습 그대로 아닌가. 변하지 않은 무언가를 발견한 것처럼 그렇게 반가울 수가 없다. 옛 동지를 만난 양 나와 정지부장은 현판을 배경 삼아 사람을 바꿔가며 연거푸 인증샷을 찍어댔다. 구속과 해고, 이어지는 노동조합 탄압의 세월에도 묵묵히 자리를 지켜온 노동조합의 산 역사가 아닌가. 마을의 장승처럼 든든히 느껴졌다.

잠시 노동조합 사무실에 들러 지부장, 위원장 등과 차를 마시고 벚꽃축제 행사장으로 나갔다. 행사장에서는 상춘객과 풍산 직원들이 가족과 동료들과 함께 삼삼오오 모여 앉아 치킨과 맥주를 나눠 먹으며 무대의 노래와 진행에 흥을 돋우고 있었다. 우리는 행사장을 돌며 풍산 직원들과 악수를 하고 못 다한 인사를 나눴다. 마주 잡은 손의 온기가 느껴졌다. 미안함과 반가움이 고스란히 전달되어 왔다. 그 와중에 무대에 올라간 현 안강지부장

2018년 4월 7일,
방위산업체에서 파업을 했다는
이유로 해고되어 출입이
불허되다가 30년 만에 풍산금속
안강공장에 들어가본 날
풍산노조 안강지부 사무실 현판
옆에 정종길 초대 안강지부장과
함께 나란히 섰다. **사진 이강희**

이 우리를 소개하는 소리가 들렸다. "소개하지 않을 수 없는 분
들이 이 자리에 와 있습니다. 권영국 변호사님과 정종길 초대 지
부장님이 함께하고 있습니다. 손 한 번 흔들어주세요." 풍산에서
는 금기어가 된 이름이건만 선배 노동자랍시고 이름을 불러주다
니…. 가슴이 뜨거워졌다. 지나간 30년 세월은 결코 '잊혀진 계
절'이 아니었다.

　꿈속에서도 가고 싶었던 곳, 쫓겨난 공장! 그 공장 땅을 밟고
식당에 들러 짜장면을 먹고 노동조합 사무실까지 방문하다니, 꿈
만 같은 날이었다. 해고자들은 아무리 많은 세월이 흘러도 언젠

228   **거리에 핀 정의**

가 공장으로 돌아갈 꿈을 꾼다. 복직은 꿈으로 남을지라도 공장 안 땅을 밟은 이날을 결코 잊지 못할 것이다. 경주에 살게 된 덕분에 만난 행운이라고 해야 할까. 얼떨결에 붓지 않은 계를 탄 날이 되었다.

축사 건축 허가 기준을 정한 경주시 조례,
괜찮은가?

2018년 3월 자동차를 운전해 대구로 가는 도중, 휴대폰과 연결된 차량 스피커폰이 울렸다. 버튼을 누르고 "권영국 변호삽니다"라고 응답하기가 무섭게 "저는 서면 운대리에 사는 사람인데요. 마을 가까운 곳에 소 축사 건축 허가를 추진하고 있다는 소문이 있어서 마을 주민들 다수가 반대 서명을 받아 경주시청에 진정서를 제출했는데, 허가가 나버렸어요. 이거 취소시킬 수 있는 방법이 없을까요? 변호사님과 상담을 꼭 좀 했으면 하는데요"라는 답이 돌아왔다. 휴대폰 너머 들려오는 목소리에는 답답함이 잔뜩 묻어 있었다.

상담 일정을 잡고 며칠 후 약속한 시간에 맞춰 운대리 주민 세 분이 법률사무실로 찾아왔다. 전화 통화를 한 분에게 "저를 어떻게 알고 연락을 주셨습니까?"라고 여쭤보았다. 조금 놀랍게도 그분은 20대 총선 당시 내가 경주에서 국회의원 후보로 출마한 사실을 기억하고 있다가 연락을 하게 되었다고 대답했다. 2년이 다 되어가는 세월인데 그때를 기억하고 연락을 하다니, 구면인 사람을 만난 기분이 들었다.

사연을 들어보니 이랬다. 다른 곳에서 이미 축사(우사)를 운영하고 있는 인접 마을의 이장이 운대리에 1천 평이 넘는 논을 갖고 있는데, 그곳 논에도 축사를 짓겠다며 경주시에 축사 건축 허가 신청서를 제출했고, 이 소식을 전해들은 운대리 주민들 67명은 서명을 받아 경주시에 축사 건축 반대 진정서를 접수했다. 축사의 위치가 마을에서 300~460미터밖에 떨어져 있지 않아 주민들 다수가 반대하면 경주시에서는 당연히 축사 건축 허가를 내주지 않을 것이라 믿었다고 한다. 하지만 기대와는 정반대로 반대 진정서에도 불구하고 건축 허가가 떨어졌다. 주민들이 경주시 건축과에 항의차 방문한 자리에서 사업자가 주민들이 반대 진정서를 접수한 후 주민 40여명의 동의서를 받아 접수했다는 사실을 듣게 되었다.

그런데 수소문해 확인해본 결과 동의서에서 진정성이 의심되는 정황이 발견되었다. 중학교에 다니는 미성년자가 돌아가신 할아버지를 포함해 가족 4명의 이름을 대신 적은 동의서도 포함되어 있었다. 주민들은 동의서의 상당수가 엉터리로 작성되었을 가능성이 있어 경주시 담당자에게 시에 접수된 동의서를 보여줄 것을 요구했으나, 담당자는 개인 정보라는 이유로 공개를 거부했다. 이에 운대리 주민 77명은 건축 허가를 취소할 것을 요청하는 진정서를 재차 접수하고 수차에 걸쳐 항의 집회를 개최하며 경주시에 행정심판까지 청구했으나, 끝내 건축 허가를 되돌리지는 못했다는 것이다.

주민들은 내게 "사업자가 경주시에 접수한 동의서를 볼 수 있는 방법이 없을까요? 다수의 동의서가 허위라면 축사 건축 허가를 취소시킬 수 있지 않나요?"라고 물었다. 나는 주민들의 동의 여부가 축사 건축 허가의 법적 요건인지부터 먼저 확인해야 한다고 말씀했다. 그리고 축사 건축 허가 요건에 대해 검토한 후 마을로 찾아뵙겠다고 약속했다.

축사 건축을 위한 법적 허가 요건을 검토하기 위해 축사 건축과 관련한 법령을 찾아보았다. 관련 법률로는 '국토의 계획 및 이용에 관한 법률' '건축법' '농지법' 등이 검색되었는데, 위 법령에 따르면 운대리 주민들이 반대하는 축사 예정지는 농림 지역으로 지정되어 있었고, 소 축사는 동물 및 식물 관련 시설로서 농림 지역 안에서 건축할 수 있는 건축물로 분류되어 있었다. 다만 축사의 경우 가축 분뇨로 생기는 환경오염 피해를 고려해 가축분뇨법(가축분뇨의 관리 및 이용에 관한 법률)에 가축 사육 제한 규정을 두고 있었다. 가축분뇨법 제8조 제1항에서는 "시장·군수·구청장은 지역 주민의 생활환경 보전 또는 상수원의 수질 보전을 위해 (…) 가축 사육의 제한이 필요하다고 인정되는 지역에 대하여는 해당 지방자치단체의 조례에 정하는 바에 따라 일정한 구역을 지정·고시해 가축의 사육을 제한할 수 있다"고 규정하고 있다. 여기서 주목해볼 것은 가축 사육 제한 범위를 지방자치단체 조례에 일괄 위임하고 있어 가축으로 인한 환경오염 제한 범위는 결국 조례에 의해 결정된다는 사실이다.

그리해 다른 시의 조례와 경주시 조례를 찾아 비교해보았는데 놀라운 사실이 발견되었다. '세종시의 가축분뇨의 관리 및 이용에 관한 조례'에서는 주택 50호 이상이 있는 경우 그 마을 경계로부터 1킬로미터 이내의 지역에서는 가축 사육을 할 수 없도록 제한했다. 반면 '경주시 가축분뇨 관리 및 이용에 관한 조례'에서는 상수원 취수 시설로부터 100미터 이내, 가구 단위 7호 기준으로 대지 경계선에서 소와 말은 100미터 이내, 젖소는 250미터 이내, 돼지·개·닭·오리는 500미터 이내의 지역에서는 가축 사육을 할 수 없도록 제한하고 있다. 1킬로미터와 100미터(혹은 250미터)의 차이를 어떻게 설명할 것인가. 독자들은 가축 분뇨 냄새에 대한 기억을 갖고 있을 것이다. 이 차이는 시의회에서 제정한 조례의 차이에서 발생한다. 시의회가 주민들의 이해를 반영하느냐, 아니면 축사 사업자의 이해를 반영하느냐에 따라 가축 사육 제한 거리가 달라지고 있음이 확인된다.

법령에 대한 검토를 마치고 나는 운대리를 찾았다. 주민들 몇 분과 축사 예정지를 둘러본 후 자세히 설명을 드렸다. "현행 법령에서는 축사 건축 허가 범위를 지방자치단체의 조례에서 정하도록 위임하고 있습니다. 조례는 시의원들로 구성된 시의회에서 만듭니다. 경주시 조례에서 정한 100미터 거리 제한은 있으나 마나 한 겁니다. 조례를 개정하지 않고서는 축사로 생기는 마을 주민들의 피해를 막을 방법이 없어 보입니다." 그러자 내게 전화를 주었던 주민이 "그러면 우리는 어떻게 하면 되겠습니까?"라고 물었다.

"시의회의 구성이 주로 기득권이나 사업자들을 대변하는 시의원들로 구성되어 있는 이상 조례 개정은 쉽지 않습니다. 이 지역에서 주민들은 자신들의 대표를 어떻게 뽑아왔는지 되돌아보아야 합니다. 주민들의 이해를 올바르게 대변하는지에 상관없이 특정 정당의 공천만 받으면 무조건 투표를 해온 것은 아닌지 돌이켜봐야 합니다. 주민들의 '묻지 마' 투표 덕분에 시의원들은 주민들을 전혀 두려워하지 않게 되었습니다. 자신에게 공천을 주는 권력자에게만 잘 보이면 그만인 것이죠. 시의회는 주민들의 편에 서서 일하는 것이 아니라 이권을 추구하는 장소로 이용되고 있다는 느낌을 받습니다. 진정으로 주민들을 두려워할 줄 아는 사람이 주민 대표로 선출되어야 할 텐데요. 선거로 물갈이하기 전이라도 우선 같은 고민을 하고 있는 이웃 마을이 있는지 살펴보십시오. 서로 연대해 조례 개정 운동을 해나가면 어떨까요? 다른 지역의 주민들과 함께 같은 목소리를 낼 수 있다면 그 연대의 힘으로 시의회에 조례 개정 청원을 해볼 수 있을 것 같습니다. 이런 게 주민자치가 아닐까요?"

주민들은 고개를 끄덕이며 내 말을 경청해주었다. 나의 자문은 주민들에게 어떤 도움이 되었을지 알지 못한다. 하지만 문제의식을 갖는 주민들이 늘어나고 있다는 사실은 지역의 변화 가능성을 보여주는 징후가 아닐까? 주민들과 함께 경주의 변화를 꿈꾸어본다.

경주 건천읍 송선리 '석산'에 가려진
불법과 유착을 파헤치다

경주 시내에서 북서쪽으로 올라가면 건천읍 송선리 '달래창'이라는 마을이 나온다. 그 마을에는 50여 가구의 주민들이 모여 살고 있는데 그곳에서 불과 몇 백 미터 떨어진 거리인 송선리 산 143-3 번지에 토석 채취장이 하얗게 속살을 드러낸 채 수십 년간 이어져오고 있다. 주민들은 일명 '석산'이라고 부른다. 이 석산은 1990년 4월에 한국도로공사가 경부고속도로 건설에 필요한 자갈과 아스콘을 공급하려고 토석 채취 허가를 받아 개발했다. 이후 한 민간 기업이 1995년 11월 인수 합병한 후 현재까지 이 채석 부지에서 토석 채취업을 지속해오고 있다. 토석 채취 부지 면적은 8만 제곱미터(2만 4000여 평)에 이른다. 채취된 토석은 주로 건축용 골재 혹은 아스팔트 포장용 골재로 사용된다.

2018년 1월경 달래창 주민들 대여섯 명이 법률사무소를 찾아왔다. 인권 변호사라는 소개를 받고 찾아왔다고 했다. 자신들은 30여 년에 걸친 석산의 토석 채취로 심각한 피해를 받아왔는데, 석산 개발 업체가 기존 석산을 가리고 있던 앞산(송선리 산 140번

지)에 대해서도 신규로 토석 채취 허가를 받기 위해 환경영향평가를 신청했다며 한숨을 쏟아냈다. 토석을 채취하는 과정을 보면 산을 이루는 바위벽에 구멍을 뚫고 그곳에 다이너마이트를 집어넣어 발파한 후 떨어져 나온 돌덩이를 파쇄기로 이동하고 파쇄기에서 일정한 크기로 파쇄해 대형 덤프트럭에 실어 필요한 곳으로 운반해가는 과정을 거치게 된다. 토석 채취 부지 내에 아스콘 공장을 설립해 아스콘 생산도 겸하고 있다.

주민들이 겪는 피해는 크게 소음과 진동, 대기오염, 수질오염 등으로 나눌 수 있는데, 발파와 파쇄시 나는 소음과 진동은 약한 지진을 떠올리게 할 정도로 심각하다고 했다. 발파시 생기는 진동 때문에 예민한 동물은 자신의 새끼를 물어 죽이기까지 하고 주민들이 살고 있는 주택 곳곳에 금이 가고 균열이 발생했다며 사진을 보여주었다. 채석과 보관 과정에서 발생하는 돌가루 먼지와 흙 먼지 때문에 빨래를 널어둘 수 없다고도 했다. 실제로 마을을 방문해보니 밭에 자라고 있는 채소 잎에는 미세한 돌가루가 내려앉고 옥외 마룻바닥이며 장독대 뚜껑은 하얀 먼지를 뒤집어쓰고 있었다. 또 돌을 파쇄하려면 많은 물을 사용하게 되는데, 비가 오는 날이면 어김없이 산 위에서 희뿌연 진흙탕 물을 연상케 할 정도로 탁한 물이 하천을 가득 메우고 쏟아져 내려왔다. 토석 채취가 한창일 때에는 골재 운반용 화물 덤프트럭이 하루에 800여 대까지 다니는데, 소음과 흙먼지 나아가 과속으로 인한 교통사고까지 발생하는 등 그 피해가 실로 말로 다할 수 없다고 했다.

주민들은 이제 기존 석산을 가리고 있는 앞산에 대해서까지 토석 채취가 허가되면 자신들은 더 이상 마을에서 살기가 어려워진다고 생각하고 있었다. 내게 추가 허가를 막을 방도가 없느냐며 도움을 요청하러 온 것이다. 그동안 주민들은 감독 기관인 경주시청을 찾아가 수차례에 걸쳐 민원을 제기해보았으나 자신들의 말에 귀를 기울여주지 않는다고 했다. 석산 개발 업체의 초대 대표가 경주시의회 초대 의장을 맡은 분으로 지역에서는 막강한 영향력을 가진 사람이라고 귀띔했다.

나는 귀를 의심했다. 경주시청이 감독 기관인데 주민들의 피해가 마냥 방치되고만 있었다는 말처럼 들렸다. 주민들의 하소연을 듣고 믿을 수가 없어 나는 한정애, 이정미 의원실을 통해 경주시에 1번 질문으로 "1990년부터 2018년까지 건천읍 송선리 산 143-3번지 외 2필지(송선리 채석 부지)에서의 토석 채취로 인한 인근 주민들의 건강이나 생활상의 불이익을 고려해, 경주시가 감독 기관으로서 대기오염, 수질오명, 소음, 진동 등에 대한 환경오염 측정을 했는지"라고 물었다. 답변은 참으로 놀라웠다. 질문에 대한 경주시의 답변은 "개발 업체 대기, 수질, 소음, 진동 등 측정 내역: 2016년 7월 1일 하천수(달래천) 채수, 측정 결과 특수 수질오염 물질 불검출)"이 전부였다. 30년 동안 환경오염 점검은 한 차례 수질오염 측정한 것이 전부였다. 처음에는 믿을 수가 없었다.

경주시에 2번 질문으로 "이 기간 동안 토석 채취와 관련해 인근 주민들이 경주시에 제기한 주민의 민원 내역과 이에 대한 경주시의 행정처분 내역은 무엇인지"라고 물었다. 경주시는 "관련 업체로 인한 생태계 파괴, 식수 오염, 안전사고 노출, 비산 먼지, 소음, 진동에 대한 피해 민원" 등이 제기되었음을 인정하면서도 "수송 차량 방진 덮개 미설치 혹은 조치 미흡"에 따른 개선 명령을 4차례 내렸다고 대답했다. 30년 동안 주민들의 민원에 대해 '수송 차량 먼지 덮개 조치 미흡'을 개선하라고 4차례 명령한 것이 전부라면 이건 불성실한 감독이 아니라 감독을 아예 방치한 것이나 다를 바 없다.

실망을 넘어 분노가 일었다. 어찌 이런 일이 가능할까. 나는 이때부터 송선리 주민들이 석산 개발 업체의 불법적인 토석 채취에 반대하기 위해 만든 '건천읍석산개발반대 대책위원회'에 법률 지원을 하며 토석 채취와 관련한 법률적 문제점을 검토해나갔다. 개발 업체의 불법행위가 경주시의 묵인하에 이뤄지고 있다는 의혹이 들었다.

첫째, 개발 업체는 두 차례에 걸쳐 허가받은 비탈면보다 깊게 파서 토석 채취 허가량을 초과해 막대한 양의 토석을 채취하고, 허가받은 토석 채취 경계를 벗어나 산림 면적 2만 3320제곱미터를 침범해 막대한 산림 훼손을 자행했다. 하지만 경주시는 이러한 사실을 확인했으면서도 일부 혐의의 공소시효가 지났고 훼손된 산림이 사실상 복구되었다는 이유로 수사의 실익이 없는 것으로 판단된다며 내사 종결해버렸다.

둘째, 수도법상 수도권 보호 구역 상류 지역 15킬로미터 이내에는 공장 신설이나 증설을 할 수 없도록 규정하고 있다. 하지만 개발 업체가 건천취수장으로부터 1.5킬로미터 상류에 위치한 토석 채취 장소에 설치해 운영하던 아스콘 공장을 임의로 인접 장소로 이전 설치해 운영하다 주민들에게 적발돼 문제가 제기되자, 경주시는 건천읍장 명의로 허가가 필요 없는 가설 건축물(창고용 천막) 신고를 수리하는 방식으로 공장 이전 설치의 법적 하자를 덮어주려 했다. 공장을 창고용 천막으로 둔갑시켜주면서까지 업체의 건축법 위반 행위에 면죄부를 주려 한 것이다.

이러한 사실을 나는 2018년 7월 18일 경주 농업인회관에서 건천읍석산개발반대 대책위 주최로 열린 공청회에서 폭로했다. 이후 국회 환경노동위원회 간사를 맡고 있던 한정애 민주당 의원실에 공청회 자료를 제공하고 국정감사를 요청했다. 국정감사 결과 개발 업체의 불법적인 토석 채취로 생긴 환경오염과 주민 피해 사실이 공공연히 드러났다. 2019년 3월 국회 환경노동위원회는 "수차례 개발 업체의 불법행위가 반복되고 있으나, 이에 대한 경주시의 관리·감독이 부실한 상황이며, 확인된 불법행위에 대해서도 적절한 조치를 취하지 않는 점을 감안할 때, 경주시와 개발 업체 간의 유착이 우려되는 실정이므로, 이에 대해 감사원의 감사를 요구"한다는 내용으로 감사원 감사 청구를 의결했다.

2019년 6월 감사원의 감사 결과 개발 업체의 불법 토석 채취

2019년 7월 18일 경주시청 앞에서 건천읍석산개발반대 대책위를 비롯한 시민단체들이 감사원의 부실 감사를 비판하고 개발 업체의 불법행위를 고발하는 기자회견을 가졌다.

를 경주시가 방치해온 사실과 불법행위에 대해 아무런 제재 조치를 하지 않은 사실이 확인됐다. 더욱이 경주시가 최초 토석 채취 허가일(1991년 6월 30일)부터 현재(2019년 4월 30일)까지 무려 30여 년간 월 1회 순찰할 의무가 있는데도 정기적 순찰을 실시하지 않았고 허가 사항 이행 실태를 위한 사후 관리를 전혀 이행하지 않았음이 확인됐다. 그럼에도 감사원은 경주시에 개발 업체의 불법 토석 채취를 고발할 것을 통보하고 감독 의무 불이행에 대해서는 주의를 주는 정도에 그쳤다.

그래도 송선리 석산을 둘러싼 주민들의 투쟁은 30여 년 동안 이어져온 지역 토호 세력과 지방자치단체 간의 불법과 유착 관계를 공적으로 밝혀내고 확인했다는 점에서 매우 의미가 크다. 어쩌면 골리앗에 맞선 다윗의 싸움인지도 모른다. 개발 업체의 신규 토석 채취 허가 추진 문제는 국정감사와 감사원의 감사 등으로 인해 잠시 중단된 상태일 뿐이다. 언제 다시 개발의 이름으로 고개를 내밀지 모른다. 주민들은 말한다. "30년 동안 주민들의 삶과 환경을 담보로 그만큼 돈벌이를 해왔으면 되잖여. 이제 그만 해묵고 주민들의 삶과 환경을 돌려도. 더 욕심내면 죄받어." 경주시와 개발 업체가 되새겨야 할 대목이다.

거리에 핀 정의

4

포스코 새노조(금속노조 포스코지회)
법률지원단의 결성과 지원

2018년 여름 어느 날 포스코에 다니고 있던 포철공고 후배한 테서 연락이 왔다. 진정으로 포스코 노동자를 대변할 자주적이고 민주적인 노동조합을 만들고 싶다는 연락이었다. 나는 연락을 받고 흥분을 감출 수 없었다. 2017년 7월 경주로 내려온 것이 하늘의 뜻인 것만 같았다. 2002년 민주노총 법률원장에 취임하면서 노동변호사의 길을 걷게 된 나의 소망 중의 하나는 무노조 경영의 상징으로 되어 있는 삼성과 포스코에 민주노조가 설립되는 것을 보는 것이었다. 드디어 포철공고 동문들이 많이 다니고 있는 포스코에 민주노조의 희망이 보인다는 생각에 쾌재를 불렀다.

2011년 7월 삼성에버랜드 노동자 4명이 금속노조 삼성지회를 설립하고, 2013년 7월 삼성전자서비스 협력업체 노동자들이 금속노조 삼성전자서비스지회를 결성했다. 불완전하지만 삼성그룹에도 노동자가 주체가 된 민주노조가 설립되었다. 하지만 1990년 초 조합원 수가 1만 8000여 명에 이르던 포항제철 노조가 안기부의 노조 와해 공작으로 1여 년 만에 극소수 조합원 노조로 전락한 이후, 노동자들의 노동권 실현을 가로막는 노무 통제 기구로 오늘날 포스코에는 조합원 9명의 휴면노조만이 형식상 존재할 뿐 노동자들을 대변할 민주노조는 공백 상태에 놓여 있다.

창립부터 2018년 현재까지 50년 동안 제철 보국의 미명하에 '헌법에 보장된 행복을 추구할 권리와 노동자의 기본적인 권리인 노동삼권'을 빼앗겨온 포스코 노동자들이 마침내 침묵을 깨고 일어나, "포스코의 설립 이념을 발전시키고, 노동자가 주체가 되어 기업 윤리를 바로 세우고, 투명하고 공정한 기업 문화를 실현해 노동자로서의 자긍심을 가질 수 있는 평등한 기업 문화를 이뤄야 한다"며 "노사 공동 이익에 기초한 향후 50년을 준비하는 새로운 노동조합의 설립"을 선포하고 나섰다. 만시지탄이지만 참으로 환영할 일이 아닐 수 없다. 생산 현장의 민주주의와 노동의 가치 실현을 위해 일어선 포스코 노동자들의 용기에 진심으로 박수를 보낸다.

한편 회사는 새로운 노동조합 설립 움직임이 가시화된 이후 갑작스레 노무협력실장의 이름으로 현장 책임자들에게 공문을 내려 보내 '일부 직원들이 외부 세력과 연계해 회사와 경영층에 대한 근거 없는 비방과 허위사실을 유포하고 있으며, 일부 직원들은 이러한 선동에 동조하고 있어 직원과 회사의 신뢰 관계를 떨어뜨리고 우리 스스로 포스코인으로서의 자긍심과 품위를 크게 손상시키고 있다'며 '유언비어를 유포하는 직원에 대해서는 단호히 대처하고 회사를 음해하는 불순 SNS에 휩쓸리지 않도록 현장 관리에 만전을 기할 것'을 주문함으로써 새로운 노동조합의 설립에 제동을 걸려는 움직임을 보였다(뉴스민 2018년 9월 11일자, 미디어오늘 2018년 9월 17일자 참고). 또 회사의 은밀한 지원을 통해 구사대 역할을 할 대항 노조 설립을 추진할지도 모른다는 소문이 심심찮게 퍼져 나왔다. 반노동적인 발상을 하고 있는 회사의 움직임에 심히 우려하지 않을 수 없었다.

이에 모든 사람의 자유롭고 평등한 인권의 실현을 소망하는 변호사와 노무사들은 포스코 노동자들의 온전한 노동삼권의 실현을 적극적으로 지원하고 회사의 시대착오적인 노동조합 방해 공작과 부당노동행위 움직임에 경종을 울리기 위해 2018년 9월 10일 '포스코 새로운 노동조합 법률지원단'(포스코 새노조 법률지원단)을 결성했고 내가 단장을 맡았다.

"포스코 노동자 여러분! '누군가 내 뒤를 든든히 봐주기를 원한다면 노동조합에 가입하십시오'라고 말한 오바마 전 미국 대통령의 노동절 연설을 기억하십니까? 노동이 존중받는 사회를 만들겠다고 약속한 문재인 대통령의 공약을 기억하십니까? 이제 두려움에서 벗어나십시오. 노동조합 할 권리는 헌법에서 보장하는 여러분의 당연한 기본권입니다. 헌법상의 권리를 방해하거나 이에 대항하려는 행위는 범죄행위입니다. 더 이상 쫄지 마십시오. 우리 법률지원단이 돕겠습니다. 권리는 잠자는 자를 위해 존재하지는 않습니다. 여러분 한 사람 한 사람의 참여가 세상을 바꾸는 힘이 될 것입니다. 포스코 노동자 여러분의 용기 있는 참여를 기대합니다."

2018년 9월 16일 무노조 경영의 대표 기업이던 포스코에 드디어 금속노조 포스코지회가 출범했다. 무려 50년 만에 자주적인 민주노조의 출범이었다. 그런데 포스코는 무늬만 노동조합인 조합원 9명의 휴면노조를 배후에서 진두지휘해 일주일 만에 6000명이 넘는 다수 노조로 전환하고 교섭 청구 단일화 제도를 이용해 금속노조 포스코지회가 단체교섭권을 갖지 못하도록 만들어버렸다. 그해 12월 11일에는 인사위원회를 열어 포스코의 노동조합 와해 전략 준비 현장을 목격하고 폭로한 포스코지회 핵심 간부 5인을 해고하고 정직처분을 하는 등 부당노동행위와 노동조합 탄압을 서슴지 않았다.

곧바로 12월 13일 포스코 본사 정문 앞에서 '포스코 부당 징계 철회 촉구 촛불집회'가 열렸다. 나는 촛불집회에 참여하고 돌아와 밤늦은 시간에 포스코 노동자들에게 긴 편지를 썼다.

변호사 친구가 포스코 노동자들에게 드립니다.
어제(12월 13일) 9월 16일 금속노조 포스코지회가 출범한 후 처음으로 포스코 본사 정문 앞에서 포스코 노동자들이 주도하는 '포스코 부당 징계 철회 촉구 촛불집회'가 열렸습니다. 이틀 전인 12월 11일 포스코가 포스코지회 핵심 간부 5명에 대해 해고(1), 권고 해직(2), 정직(2) 등 중징계 통보를 한 데 따른 항의 집회였습니다. 예상을 깨고 많은 조합원들이 참여해주었습니다. 고무적이었습니다.

(중략)

포스코의 개혁과 현장의 민주화를 위해 앞장섰던 이들이 민주노조 와해를 시도하는 경영진에 의해 거리로 쫓겨났습니다. 쫓겨난 당신의 동료와 이들이 앞장섰던 민주노조를 지키려면 이제 누가 나서야 할까요? 여전히 눈치만 보고 있으신가요? 후원금을 내면 내 책임을 다하는 것인가요? 징계를 당한 당신의 동료들은 바로 당신이 당당한 이 땅의 노동자로서 자신의 삶과 포스코의 주인으로 거듭날 것을 희망하고 있습니다. 회사가 집회 참석을 방해하려고 급조한 부서 회식 때문에 '촛불집회'에 못 나온다고요? 퇴근시간 이후에 회의 명목으로 붙잡혀 있어서 '조합원 한마당'에 참여하지 못한다고요?

우리는 대한민국의 국민입니다. 대한민국의 주권은 국민에게 있고, 모든 권력은 국민으로부터 나옵니다. 우리는 포스코의 노동자입니다. 포스코의 노동권은 회장이나 대표이사에게 있는 것이 아닙니다. 바로 포스코 직원 여러분에게 있습니다. 포스코 노동자 여러분이 포스코 노동권의 주인입니다. 하지만 대한민국 헌법에서 기본권으로 보장하고 있는 노동권을 포스코 노동자 스스로 행사하지 못하는 한 우리는 언제까지나 포스코 식민지에서 살고 있는 '근로자'일 뿐입니다. 곧 광양에서 개최될 조합원 한마당에, 그리고 또 포항에서 개최될 부당 징계 규탄 촛불집회에 '나부터' 참여할 수 있는 작은 용기가 식민지 포스코를 독립된 포스코로 바꿀 수 있습니다. 이제 책상에 앉아 머리만 굴리지 말았으면 합니다. SNS에서 독립투사인 것처럼 침 튀기는 행위만으로 만족하지 말았으면 합니다. 노동자로서 숨지 말고 당당히 열린 공간으로 나서야 합니다. 민주노조를 지켜야 할 사람은 그 누구도 아닙니다. 바로 포스코 노동자 여러분입니다. 참여합시다. 함께합시다. 포스코 노동자 여러분의 주인 된 삶을 희망합니다.

2018.12.14. 포스코지회 법률지원단장 권영국 올림

포스코는 노동자들의 민주노조 설립을 지원하고 회사의 부당노동행위를 가장 앞장서 비판해온 나를 그냥 두지는 않았다. 2019년 7월, 포스코는 내가 언론사와 한 인터뷰 내용을 꼬투리 잡아 서울중앙지방검찰청에 출판물에 의한 명예훼손과 정보통신망 이용촉진 및 정보보호 등에 관한 법률위반(명예훼손) 혐의로 고소했다. 이와 동시에 거의 같은 내용으로 내가 포스코의 명예를 훼손했다며 대구지방법원 포항지원에 2억 원의 손해배상 청구소송을 제기했다. 다행히 고소 건은 혐의 없음으로 각하되었

2018년 12월 31일 밤, 서울 목동 열병합발전소 굴뚝 아래에서 파인텍 고공 농성을 응원하는 타종식이 열렸다.

다. 손해배상 청구소송은 아직 진행 중이다. 그러나 포스코 노동자들과 함께하겠다는 나의 의지를 막을 수는 없을 것이다.

"운명을 바꾸는 것이 바로 혁명이다."

5
고 김용균 사망사고 진상규명과 재발방지를 위한
석탄화력발전소 특별노동안전조사위원회

2018년 12월 10일 밤 10시 40분경 한국발전기술 소속 김용균 (24세) 청년 노동자가 한국서부발전(주) 태안화력발전소 석탄 이 송용 벨트컨베이어 밀폐함 점검구에서 컨베이어 설비 상태를 점 검하던 중 벨트와 롤러 사이에 협착돼 사망하는 안전사고가 발생 했다. 고인은 기본 교육을 포함해 고작 닷새간의 교육을 받고 혼 자서 수 킬로미터에 이르는 연료 운반 설비를 점검하는 작업을 수행했다. 입사 후 석 달이 지난 그날도 홀로 벨트컨베이어를 점 검하던 중 다음날 새벽 3시 23분에서야 머리와 몸통이 분리된 시 신으로 발견되었다. 고인이 소지하고 있던 휴대폰은 플래시가 켜 진 채 불빛이 위로 향한 상태로 놓여 있었다. 작업용 랜턴도 없이 휴대폰 플래시를 조명등으로 사용하고 있었던 것이다.

김용균 청년 노동자가 사망한 다음날, '문재인 대통령, 비정규

2019년 6월 18일 밤 10시경 김용균 특조위에서 한국남부발전(주)
하동화력발전소를 방문해 현장조사를 했다.

직 대표자 100인과 만납시다' 기자회견이 있었다.

그 후 '태안화력 비정규직 청년노동자 고 김용균 사망사고 진
상규명 및 책임자처벌 시민대책위원회'가 출범했고 유족과 동료
들의 헌신적인 투쟁으로 진상규명위원회에 대한 논의가 시작되
었다.

2019년 4월 3일, '고 김용균 사망사고 진상규명과 재발방지를
위한 석탄화력발전소 특별노동안전조사위원회'가 출범하면서,
충남 태안군 소재 태안화력발전소를 첫 회의 장소로 선정하고 방
문해 조사 활동을 위한 위원회 운영세칙을 확정하고 사고 현장을
둘러보는 것으로 공식 일정을 시작했다.

내게는 고 김용균 사망사고 소식을 접했을 때부터 가진 의문
이 있었다. '고인은 왜 조명도 없는 벨트컨베이어 밀폐함 점검구

안으로 몸을 집어넣는 위험을 무릅쓰고 작업을 해야 했을까? 개인의 의욕이 넘친 과잉 행동이었을까? 아니면 그렇게 행동하지 않을 수 없는 구조적 원인이 존재하는 것일까?'

고용노동부의 통계에 따르면, 우리나라 노동자들이 매년 산업재해로 사망하는 노동자의 수는 2016년 2040명, 2017년 2209명, 2018년 2142명으로 좀처럼 그 규모가 줄어들지 않고 있다. 우리가 알지 못하는 사이에 매일 6명 내외의 노동자들이 산업재해로 목숨을 잃어가고 있다. 소득 3만 달러를 달성한 국가가 산업재해 사망률 일등 국가라는 오명에서 벗어나지 못하는 이유는 뭘까? 도대체 왜 한국의 노동자들은 끊임없이 자신의 일터에서 '세계 1등'으로 죽어야만 할까?

우리는 구의역 김군과 고 김용균 사망사고에서 그 단초를 엿볼 수 있다. 김군의 사망 직후 서울메트로 안전관리본부장은 언론 인터뷰에서 "열차 운행 중 승강장 내 작업시 역무실에 와서 작업 내용을 보고해야 하는데, 김씨는 역무실에 들어와 작업 일지를 작성하지 않았다"며 사고의 원인을 안전수칙을 지키지 않은 개인의 부주의로 돌리는 듯한 태도를 취해 빈축을 샀다. 한국서부발전의 간부 직원 또한 "벨트가 있는 기계 안쪽으로 고개를 넣고 점검하지 않아도 된다. 매뉴얼에는 그런 내용이 없다"고 말했다.

이 두 사건에서 공통적으로 발견할 수 있는 점은 개인의 안전수칙 위반이나 부주의에서 산업재해의 원인을 찾으려 한다는 것이다. 이러한 진단에 따르면 한국의 노동자들은 영국 노동자의

2019년 5월 28일 KBS 프로그램 '오늘밤 김제동'에 출연해 '구의역 김군, 김용균 씨 사망, 그 후 현장은 변했나?'라는 주제로 현장 상황과 특조위의 활동을 설명했다.
사진 KBS 화면 캡처

20배, 유럽연합 노동자의 5배에 달하는 실수를 범하고, 그로 인해 사망사고가 빈발하고 있다는 말이 된다. 이러한 진단은 그 자체로 타당성이 없음은 두말할 나위가 없다.

매년 사업장에서 중대 재해가 발생해 사회적 이슈가 되는 경우 고용노동부는 특별근로감독을 통해 재해 원인으로 수십 개에서 수천 개에 달하는 위법사항을 찾아내고 설비 개선 등 분야별 다양한 기술적 대책을 제시해왔다. 그런데 한국 산업재해 사고의 주요한 특징 중의 하나는 동일한 유형, 동일한 기업에서 산업재해 사망이 반복된다는 것이며, 그 또한 단순 재래형 사고가 반복된다는 점이다. 위법 사항을 열거하고 기술적 대책을 발표하는 것으로 사업장의 안전문제는 과연 해결되는 것일까?

김용균의 사망이 특조위에 던진 과제는 발전소에서의 안전 관

2019년 4월 10일 정부서울청사에서 김용균 특조위의 간사이자 민간위원으로
위촉장을 받고 있다.

련 법 위반 사항과 위험 요인을 발견해 그에 따른 기술적 대책
을 제시하는 데에 그치는 것이 아니라, 발전소의 안전을 저해하
는 구조적 요인을 규명해 안전한 일터를 만들기 위한 좀 더 근본
적인 대안을 제시할 것을 요구하는 것이라 믿는다. 이를 위해서
는 김용균이 사고를 당한 현장을 시작으로, 비용을 절감한다는
명분으로 안전을 위태롭게 한 연료환경설비 운전의 분리와 외주
화, 경상정비의 강제적인 민간 개방, 이들 배경이 되는 발전사 분
할과 발전사 간 경쟁 체제의 도입, 정부의 경영 평가와 발전산업
정책, 그리고 전력산업 구조 개편 정책에 대한 검토에까지 거슬
러 올라가야 한다. 노동자의 권리가 부재한 상황에서 안전을 위
한 노동자 권리 보장의 중요성을 검토해야 한다. 나아가 안전 관
련 분야에 적용되는 솜방망이 법제도와 기업의 사회적 책임에 대

고김용균시민대책위가
범국민추모제를 준비하며 만든
웹자보

한 인식의 부재를 지적해야 한다.

　우리는 더 이상 안전사고의 결과인 피해 당사자에게 책임을 전가하는 우를 반복해서는 안 된다. 불안전한 행동이 있으면 반드시 그 행동을 하게 하는 조건과 원인이 존재한다. 안전사고가 발생한 현장의 작업조건과 그 작업조건을 만들어낸 구조적으로 심층적인 원인을 차례로 들여다봐야 한다. 조직 구조와 변천, 고용노동인권, 설비 기술, 안전보건관리시스템, 노동자 참여권, 정책과 법제도에 걸쳐 입체적으로 조사하고 분석할 필요가 있다.

　김용균 특조위 조사를 통해 안전을 무시한 결과로 발생하는 안전사고 처리 비용과 책임이 안전사고 예방을 위한 투자 비용보다 월등히 높아져 생명과 안전을 최우선으로 하는 사회적 환경과 법제도적인 대안을 만드는 데 일조할 수 있기를 희망한다. 그것이야말로 진정으로 생명과 노동을 존중하는 사회를 앞당기는 일이라 믿는다.

2018년 12월 22일 고 김용균 1차 범국민추모제가 서울파이낸스센터 앞에서 열렸다. 추모제 후 유가족과 함께 청와대로 행진했다. **사진 신디**

2010년 11월 13일 전태일 40주기를 맞아 동대문 평화시장 앞에서 열린 전태일 다리 현판식에서 이수호 전 민주노총 위원장과 나란히 선 모습

2019년 5월 1일 포항 형산강로터리에서 민주노총 경북지역본부가 주최한
노동절에 참여했다.

2016년 10월 1일 서울 대학로에서 열린 백남기 농민 추모대회에서 단병호 전
민주노총 위원장과 함께 앉아 있는 모습. **사진 정의철**

2015년 8월 엉덩이뼈가 부러져 서울 녹색병원에 입원해 있던 백기완 선생을
병문안하던 모습

5부

|

칼럼

구의역 김군과 김용균의 죽음, 비정규직,
노동시간, 최저임금에 대하여

고 김용균을 죽음에 이르게 한 원인

'고 김용균 사망사고 진상규명과 재발방지를 위한 석탄화력발전소 특별노동안전조사위원회(김용균 특조위)'가 2019년 4월 3일 출범한 후 4개월에 걸쳐 진상조사를 진행했다. 그리고 마침내 8월 19일 정부서울청사 3층 브리핑룸에서 무려 715쪽의 '진상조사결과 종합보고서'를 발표했다.

서른여덟 글자의 위원회 명칭에 담긴 과제를 풀기 위해 짧지만은 않은 시간 동안 조사위원들은 최선을 다했다. 16명의 조사위원과 30명이 넘는 자문위원이 참여한 결코 작지 않은 규모의 진상조사였다. 진상조사는 크게 구조·고용·인권 분야, 안전·보건·기술 분야, 법·제도 개선 분야로, 세 분야는 다시 12개 부문으로 나눠 진행했는데 분야별 상당한 성과를 도출했다. 조사 결과를 구체적으로 소개하려면 몇 차례의 연재가 필요해 보인다.

이 글에서는 고 김용균 사망사고의 직접 원인을 기술하는 데에 한정하기로 한다.

필자는 특별조사위 간사로 참여를 요청받았을 당시 조사 범위의 방대함과 사건의 엄중함 때문에 몇 번이나 망설여야 했다. '과연 정부 통제하에 있는 발전소에서 발생한 고 김용균 사망사고와 중대 재해의 원인을 제대로 밝혀낼 수 있을까' '안전시설 미비와 같이 눈에 보이는 표피적 원인이 아니라 그 표피적 원인을 결정한 진짜 원인을 찾아낼 수 있을까'에 대한 부담감 때문이었다. 해보지 않고는 누구도 알 수 없는 노릇이었다. 김용균의 어머니가 보여준 눈물겨운 투쟁은 특별조사위 참여를 결심하게 만들었다. 경주에서 서울과 화력발전소 현장을 오가는 바쁜 일정이 시작됐다. 법률사무소 일은 부득이 뒤로 미뤄둬야 했다.

필자가 특별조사위에 참여하면서 처음부터 가진 의문은 '고인은 도대체 왜 운전 중인 벨트컨베이어 밀폐함의 점검구 안으로 상체를 집어넣어야 했을까'였다. 조명도 없는 어두운 밀폐함 안쪽으로, 빠른 속도로 진행하는 컨베이어벨트와 롤러가 접하는 위험 지점에서 굳이 근접 작업을 한 이유가 무엇이었을까? 조사를 마무리하는 순간까지 머리를 떠나지 않은 질문이었다. 개인의 의욕이 넘친 과잉 행동 때문이었는지, 아니면 그렇게 행동하지 않을 수 없었던 구조적 원인이 존재하는 것이었는지를 밝히는 것이 특별조사위에 던져진 첫 번째 과제였다.

거리에 핀 정의

고인이 한국서부발전(원청)의 협력사인 한국발전기술에 입사해 배치된 업무는 현장 운전원으로 석탄화력발전소의 주 연료인 석탄을 운반하는 컨베이어벨트를 순회 점검하고 벨트에서 떨어지는 낙탄을 제거하는 일이었다. 고인은 입사 후 이틀간 신규 채용자 기본 교육, 사흘간 현장 직무 교육을 받고서 단독으로 수 킬로미터에 이르는 연료 운반 설비를 점검하는 작업에 투입됐다.

　　한국서부발전이 승인한 한국발전기술의 '석탄운반설비 순회 점검지침서'에서는 석탄운반설비 현장 운전원의 설비 점검 방법으로 '설비 운전 중 순회 점검' 항목에서 매 2시간마다 '마찰 및 기기 과열, 컨베이어 주위 잔탄 여부, 운전시 모터 과열 여부, 회전체 온도·이음·누유 확인'을 하도록 했다. '운전 절차서'에서는 컨베이어벨트 점검 항목으로 '구동부, 기타 부분에서의 진동, 비정상적인 소음을 확인', '아이들러의 회전 소음 점검' 같은 주요 점검 항목으로 '모터 및 회전체의 베어링 부위의 과열 여부'를 적시했다. 이러한 점검 항목들은 설비가 가동 중지될 때 해야 할 업무가 아니라 '설비 운전 중 점검해야 할 항목'이었다. 회전체 내부의 베어링 발열 여부나 구동부의 비정상적인 소음 확인은 육안과 청력으로만 가능한 일이다. 이 점검 항목들을 제대로 점검하려면 (다른 도구가 없다면) 벨트와 회전체에 접근하지 않을 수 없다. '낙탄 처리 지침서'의 '유의 사항'에 의하면 '벨트 및 회전 기기 근접 작업 수행 중 비상 정지되지 않도록 접근 금지, 단추는 모두 채우고 회전 기기에 말려들지 않도록 2인 1조로 작업 수행'

하도록 정함으로써 벨트나 회전체 근접 작업이 개인의 일탈 행동이 아니라 일상적인 작업 수행 방법으로 이행됐음을 확인해주고 있다.

더불어 한국서부발전은 협력사 현장 운전원에게 운전 설비에 이상이 있을 경우 이상 부위를 휴대폰으로 촬영한 후 개선 요구 사항을 구체적으로 정리해서 GENI 시스템(발전설비관리 시스템)에 사진과 함께 등록하도록 했다. 더욱이 사고 현장의 벨트컨베이어 점검구와 롤러의 위치가 일치하지 않아 점검구 밖에서 롤러의 상태를 온전히 볼 수도 없었다. 1럭스(대략 촛불 1개가 내는 빛)밖에 안 되는 어두운 조명 아래에서 밀폐함 내의 그림자 진 벨트 하부, 철판 기둥 뒤에 반쯤 숨어 있는 롤러의 이상 부위를 육안과 청력으로 확인하고, 휴대폰으로 상세히 촬영하려면 점검구 안으로 고개를 들이미는 방법 이외에는 달리 도리가 없어 보인다.

이처럼 협력사의 연료·환경 설비 운전 노동자들은 상시적인 위험에 노출된 채 작업을 하고 있었다. 위험을 방지하기 위한 시설 개선이나 작업 지침 개정이 없다면 사고가 나는 것은 시간문제였다. 사고가 발생한 것은 개인의 불안전한 행동 때문이 아니라 사고가 날 수밖에 없는 작업환경 때문이었다. 운전 절차와 작업 지침에 따라 점검 업무를 성실히 수행하면 할수록 더욱 위험해지는 구조였던 것이다.

그럼에도 위험에 대한 안전조치는 취해지지 않았다. 그 이유는 무엇이었을까? 고인이 속한 한국발전기술은 발전회사와 체결한 연료·환경 설비 운전 업무를 수행하는 데 필요한 인력을 공급할 뿐 업무를 수행하는 설비나 시설은 모두 원청인 한국서부발전의 소유다. 따라서 한국발전기술은 설비 운전이나 점검 의무만을 질 뿐 시설에 대한 권한은 처음부터 갖고 있지 않았다. 한국발전기술 노동자들은 고인의 협착 사고가 발생한 컨베이어 설비를 개선해달라고 요구했으나 번번이 원청에 의해 묵살됐다고 하소연했다. 자신들이 '하청이기 때문에' 비용이 들어가는 대부분의 설비 개선 요구는 지연되거나 받아들여지지 않았다고 증언했다.

시설의 위험에 대한 안전조치가 취해지지 않은 데에는 경쟁력 제고와 효율성을 강조하는 전력 산업 구조 개편과 공기업 민영화 정책, 그 일환으로 전개된 발전 5사 분할과 경쟁 체제 도입, 발전소 공정의 인위적인 분리와 민간 개방을 통한 외주화, 그로 인한 원·하청의 위계 구조가 결정적인 원인으로 작용하고 있다.

'발전소 연료·환경 설비 운전과 경상 정비'의 민간 개방과 외주화는 3년 단위로 반복되는 입찰 계약이다 보니 고용 불안정과 임금 착취 문제를 불러왔다. 이는 원청인 발전회사가 협력사와 그 소속 노동자들에 대한 절대적인 권한을 유지하면서도 협력사 노동자들에 대한 각종 법적 책임에서 벗어나는 구조를 만들었다. 발전회사가 업무를 민간에 위탁(외주화)한 이후에는 협력사 노동자의 사업주가 아니므로 협력사 노동자의 안전사고에 책임을 지지 않는 구조로 전환됐다. 발전회사는 설비의 소유자이면서도 더 이상 협력사 노동자들의 안전을 위해 설비를 개선하거나 그 비용을 지출할 이유도 의무도 부담하지 않게 된 것이다.

민간 협력사들은 그 실질이 노무 인력을 공급하고 이윤을 취하는 인력 공급 업체다. 수수료를 이윤으로 가져가는 협력사들은 남의 시설에 자신의 돈을 들여 안전시설을 할 권한도 이유도 없다. 원청인 발전회사는 '너의 사장이 아니다'(책임 없음)는 이유로, 협력사는 '내 설비가 아니다'(권한 없음)는 이유로 서로가 책임을 전가하는 '책임의 상호 회피 구조'가 만들어진다.

이번 특별조사위 조사 결과 10여 년간 발전소 재해의 95퍼센트가 하청노동자들에게 집중돼 발생했다는 사실이 확인됐다. 결국 발전소 업무의 외주화는 발전회사와 협력사가 서로 책임을 지지 않는 구조를 만들어내고, 책임의 공백 상태로 인해 위험이 방치되는 결과를 초래한다. 하청노동자들은 자신의 몸뚱이로 위험을 감내하며 작업을 해야 하므로 사고가 나는 것은 시간문제가 된다. 산업재해가 하청노동자들에게 집중된 이유는, 위험 업무 그 자체 때문이라기보다 외주화로 생긴 원·하청 체제하에서는 필연적으로 '책임의 공백 상태'가 발생해 위험이 방치되는 구조가 만들어지기 때문이다. 결국 외주화와 그로 인한 원·하청의 위계 구조가 바로 협력사 노동자들을 위험에 빠뜨리고 고 김용균을 죽음에 이르게 한 '구조적 원인'이었던 것이다.

[매일노동뉴스 2019.8.]

거리에 핀 정의

발전소 안전 개선 의지,
이행점검위원회 설치로 답해야

2019년 8월 19일 김용균 특조위의 김용균 사망사고 진상조사 결과를 발표한 이후, 위원회 일원으로 정부와 발전회사의 '개선 권고안 이행 방안'을 기다리던 중 경북 영덕에서 발생한 이주노동자들의 충격적인 산업재해 사망 소식을 접했다. 9월 10일 오후 2시 30분께 영덕군 축산면에 있는 오징어 건조 가공업체인 수성수산 사업장에서 이주노동자 4명이 지하 3미터 수산물 폐기물 저장 탱크에 내려갔다가 질식사하는 참사가 발생했다.

이주노동자 한 명이 업체 대표의 지시를 받고 저장 탱크를 청소하려고 아무런 안전 장비도 지급받지 못한 채 지하에 내려갔다가 곧바로 쓰러졌다. 업체 대표는 다른 이주노동자들에게 구조하라고 지시해 2명이 지하 탱크로 내려갔다가 또 쓰러지고 밧줄을 가지러 갔던 다른 한 명마저 내려갔다가 쓰러졌다. 그제야 업체 대표는 119에 신고해 구조 요청을 했다. 출동한 119 소방대원들이 3미터 지하 탱크로 내려가 4명을 밖으로 구조했으나, 3명은 현장에서 사망했다. 나머지 한 명도 안동병원으로 이송해 치료를 받았으나 끝내 숨지고 말았다.

언론 보도에 따르면 사고 다음날인 9월 11일 국립과학수사연구원의 사고 현장 감식 결과, 탱크 내부의 황화수소와 암모니아가스 농도를 측정했는데 황화수소가 3천피피엠(농도의 단위로 100만분의 1을 나타냄)이나 검출됐다. 황화수소는 500피피엠 이상을 흡입하면 호흡계 마비와 의식 불명, 700피피엠 이상이면 몇 초 안에 사망에 이를 수 있다고 알려진 독성 물질이다. 사실이 이렇다면 독가스실에 노동자를 밀어 넣은 것과 무엇이 다른가. 수성수산 대표는 이주노동자에게 유독가스 발생이 예상되는 밀폐 공간에서의 내부 작업을 지시하면서 저장 탱크 내부의 산소 및 유해 가스의 농도를 측정하지 않은 것은 물론 안전보호구도 지급하지 않는 등 위험을 예방하기 위한 어떠한 안전조치도 취하지 않았다. 업체 대표는 이주노동자를 사람으로 여기기나 한 것일까. 감독 당국의 사업장 재해 예방 지원 및 지도는 물론이거니와 유해하거나 위험한 설비와 물질 등에 대한 안전·보건상 지도·감독 규정은 사문화된 것이나 마찬가지였다.

영덕 오징어 가공업체 이주노동자들의 산업재해 사망 소식을 접하면서 2022년까지 산업재해 사고 사망자를 절반 이상(60퍼센트) 감축하겠다는 정부의 안전 강화 대책 발표가 무망해 보이는 것은 왜일까. 절망스러운 것은 김용균 노동자 사망사고 이후에도 노동자의 안전을 고려하지 않는 작업장의 일상은 변하지 않고 있다는 사실이다. 특히 하청노동자와 이주노동자 등 취약 계층의 산업재해 사망사고는 좀체 개선될 기미가 보이지 않고 있다. 사업장에서 산업안전보건기준을 지키도록 시스템을 구축하고 제대로 지도·감독하지 않는 이상, 안전 의무를 위반해 중대 재해가 발생한 경우 사업주에게 엄중한 법적 책임과 막대한 비용 부담을 제도적으로 강제하지 않는 이상, 그리고 위험을 가중하는 차별화된 고용구조를 개혁하지 않는 이상 이처럼 비상식적인 사고는 반복될 수밖에 없음을 영덕 이주노동자들의 참사가 또다시 실증한다.

김용균 특조위는 진상조사 결과를 발표하면서 석탄화력발전소에서의 중대 재해 재발 방지를 위한 22개 개선 권고안과 함께 이를 실제로 이행하도록 점검하고 감시할 이행점검위원회를 설치할 것을 국무총리실에 권고했다. 이행점검위 설치를 강력히 권고한 이유는 개선 권고안이 기존 발전소 체제를 떠받치고 있는 산업통상자원부와 발전회사 경영진의 저항과 소극적 태도에 부딪혀 보고서 안에서 잠자는 것을 방지하기 위한 것이었다. 실제로 이러한 우려는 현실화할 조짐을 보이고 있다.

김용균 특조위는 발전소 안전사고의 가장 핵심적인 원인으로 노동자 간의 수평적인 소통을 가로막고 안전에 대한 책임 공백 상태를 야기하는 '외주화'와 '원·하청 차별 구조'를 지목했다. 이를 개선하기 위한 방안으로는 발전회사가 외주화한 사내 하청노동자들을 직접 고용할 것을 제1의 개선안으로 권고했다. 그런데 당정 내부에서는 발전회사의 직접고용 불수용 방침을 거론하고, 발전회사와 일부 정규직 노동조합에서도 자회사를 만들어 자회사에서 고용하는 방안이 마치 최선의 방안인 것처럼 여론을 조성한다는 얘기가 들려오고 있다.

이미 특조위의 조사 결과 자회사 역시 원청인 발전회사에 비해 산업재해 발생 위험도가 7배나 더 높은 것으로 확인됐는데도 자회사 고용을 통해 직접고용을 회피하려는 움직임이 나타나고 있다. 22개 개선 권고안에 대한 책임 기관들의 이행을 점검하고, 현실론을 내세워 개선 권고안을 무산시키려는 저항을 감시하려면 국무총리실 산하에 이행점검위를 설치하는 것이 필요해 보인다. 정부는 2022년까지 산업재해 사고 사망자를 절반 이상 감축하겠다는 안전 강화 대책 발표가 선언에 그치지 않도록 안전을 위한 실질적인 실천 의지를 보여야 한다. 김용균 노동자 사망사고 재발 방지 대책 이행을 위한 이행점검위 설치는 바로 그 실천 의지의 일환이 될 것이다. 이주노동자 사망사고에서 보듯이 법규정이 있어도 감독하지 않으면 아무 소용이 없게 되는 게 현실이다. 독립된 이행 점검 주체가 없다면 권고안 이행을 어떻게 담보할 것인가?

〔매일노동뉴스 2019.9.〕

사람 목숨값 담보로 기업하기 참 좋은 나라

2019년 12월 10일 오늘은 태안화력발전소 고 김용균 노동자가 컨베이어벨트에 끼어 목숨을 잃은 지 1주년이 되는 날이다. 고 김용균 사망사고는 우리 사회의 노동 안전 보건 문제를 압축적으로 드러낸 사건이다. 김용균의 죽음 이후 1년이 흘렀으나 여전히 우리 사회 노동자들인 '김용균들'의 노동환경은 달라지지 않았다는 증언이 쏟아지고 있다. '고 김용균 노동자 1주기 추모위원회'는 문재인 정부가 들어선 후 만들어진 중대 재해 사업장 조사위원회들의 조사 보고서들이 이행되지 않은 채 휴지 조각이 되고 있다고 성토하고 있다.

우리나라 노동자들이 산업재해를 입어 사망하는 수는 2016년 2040명, 2017년 2209명, 2018년 2142명으로 매년 2000명을 넘고 있다. 매일 6명 내외의 노동자들이 산업재해로 목숨을 잃고 있다. 경제개발협력기구(OECD) 2015년 통계에 따르면 10만 명당 산업재해 사망자는 영국이 0.4명으로 최저이고, 한국은 영국보다 20배 이상 많은 10.1명으로 최고다. 2017년 기준으로 1만 명당 산업재해 사망자는 한국은 1.19명으로 유럽연합의 5배, 네덜란드의 10배에 달하는 것으로 소개되고 있다. 1994년 이후 통계가 제공되는 2016년까지 23년 동안 두 차례(2006년, 2011년)만 터키에 1위를 내줬을 뿐 '산업재해 사망률 1위국'의 불명예를 벗은 적이 없다.

왜 우리 노동자들은 일터에서 매일같이 이렇게 많이도 죽어가야 할까. 이렇게 많은 노동자가 일터에서 목숨을 잃는 현실, 과연 피할 수 없는 일이었을까. 노동자들의 희생은 기업 운영을 위해 불행하지만 어쩔 수 없는 일일까. 이제 우리는 질문을 바꿔야 한다. 이렇게 많은 죽음이 꼬리를 물고 이어지는데도 우리 기업들은 어떻게 이렇게 태평한 것일까? 아니, 이토록 뻔뻔한 것인가?

산업안전보건법에서는 사업주는 노동자의 안전 및 건강을 유지·증진하고 국가의 산업재해 예방 정책을 따라야 한다고 선언하고 있다. 이처럼 법은 기업이 노동자의 생명과 안전과 건강에 대한 책임을 져야 함을 규정하고 있다. 그런데 왜 기업에 출근한 노동자가 집으로 돌아오지 못하는 일이 빈번히 벌어지는 것일까? 지난 10년간 산업재해 사고로 기소돼 징역형을 선고받은 사람은 0.5퍼센트, 사망사고에 대한 평균 벌금액은 432만 원에 그쳤다. 산업재해가 발생한 사업장에 대한 행정처분으로 부과한 과태료 수준 또한 평균 126만 원에 불과했다고 한다. 사람의 생명과 안전을 침해한 기업의 책임에 대한 우리 사회의 인식이 얼마나 관대한지 짐작할 수 있다.

기업은 비용을 줄이고 이윤을 극대화해 납세 의무와 고용 창출 기회를 좀 더 많이 만들어낼 때 사회에 대한 책임을 다하게 된다는 견해가 있다. 이 견해에 따르면 기업의 이윤을 감소시키는 것은 모두 비용으로 취급되고, 비용을 줄이는 것은 효율로 포장되어 기업의 덕목으로 간주된다. 결국 이윤 극대화를 기업의 최고 가치로 숭상하는 사회에서는 안전을 위한 투자는 비용으로 취급되어 최소화되고 안전은 개별 노동자의 책임과 주의 의무로 전환되는 것이다. 지금까지 우리 사회가 취해온 견해다.

이에 반해 기업은 사회적 존재 형식의 하나이니 주주뿐 아니라 노동자, 소비자, 협력업체, 지역사회 등 기업 내외의 다양한 이해관계자들의 이익을 두루 고려하는 사회적 책임 경영을 해야 한다는 관점이 있다. 이 견해에 따르면 기업이 이해관계자 공동의 이익과 경제적 공생 관계를 추구할 때 사회에 가장 유용한 기여를 하고, 이를 통해 기업으로서의 지속 가능한 성장을 달성할 수 있다는 것이다. 기업의 사회적 책임이 강조될 때 노동자의 안전은 기업의 지속 가능한 성장을 위해 기업의 필수적인 의무이자 덕목이 된다. 우리 사회가 지속 가능한 사회로 가기 위해 취해야 할 견해이자 방향임은 두말할 나위가 없다.

기업과 노동자의 인권, 기업 경영의 사회적 책임 문제는 국제 사회의 쟁점으로 부상해 있을 뿐 아니라 서구에서는 일찍이 정부 정책 및 법 제도 차원에서 기업의 사회적 책임 경영을 주요한 의제로 다뤄왔다. 문제는 노동자의 생명과 안전을 고려한 기업의 사회적 책임 경영을 어떻게 추동해낼 것인가이다. 이윤 추구를 일차 목표로 삼는 사업주에게 자발적인 윤리적 선택을 기대하는 것은 무망하다. 경제적 요인을 통해 사회적 책임 경영을 선택하도록 법적·제도적 환경을 만들어내는 것이 필수적이다.

영국은 2007년 '기업과실치사 및 기업살인법'을 제정해 2008년 4월 6일부터 시행하고 있다. 영국은 이 법을 시행한 이후 기업이 안전 주의 의무를 중대히 위반해 사망자가 발생했을 때 해당 기업을 기업살인죄로 처벌하고 상한 없는 벌금을 물리도록 정하고 있다. 노동자 사망의 결과에 대해 기업의 연 매출액의 250퍼센트에 이르는 54억 6천만 원의 벌금을 부과한 경우도 있다고 한다. 거액의 벌금 판결 때문에 기업이 파산할 수 있다고 하자, 영국의 판사는 "불행하지만 어쩔 수 없는 일이다"라고 답했다고 한다. 그 노력의 결과 영국은 산업재해 사망률이 우리의 20분의 1에 불과한 가장 안전한 국가로 정착했다.

노동자의 안전을 소홀히 해 안전사고가 발생했을 때 예상되는 형사처벌의 수위와 민사소송으로 지급해야 할 피해 배상액의 규모가 기업이 감당하기 어려울 정도라면 기업은 사회적 책임 경영을 선택하지 않을 수 없게 된다. 사람과 생명을 그 무엇보다 우

선하는 사회라면 사람의 목숨값을 제대로 대접해야 한다. 사람의
목숨으로 지탱하는 사회는 지속 가능한 사회가 아니다. 우리는
세계 10위권의 경제 대국에 올라선 지 오래다. 사람의 목숨값을
담보로 기업하기 좋은 나라, 이제 그만하자.

〔프레시안 2019.12.〕

채용 비리 거짓 뉴스와 '구의역 김군'

　서울지하철 1~8호선을 운영하는 서울교통공사는 외주 업체 노동자 1285명을 무기계약직으로 직영화하고, 2018년 3월에는 일반직과의 차별을 해소하기 위해 일정한 유예 요건을 붙여 무기계약직을 일반직으로 통합하는 실질적인 정규직화를 단행했다. 그러자 자유한국당은 1285명 중 108명(8.4퍼센트)이 교통공사 재직자의 친·인척이라는 사실을 근거로 '문재인, 박원순, 민주노총 채용비리 게이트'라고 규정했다. 10월 서울시와 서울교통공사 국정감사에선 다수 의석을 이용해 기어코 서울시와 서울교통공사 국정조사를 관철시켰다. 보수 신문에선 서울교통공사가 권력형 채용 비리의 온상인 것처럼 연일 대서특필된다. 과연 이들의 주장은 정당한 것인가?

　서울교통공사 비정규직의 정규직 전환이 본격화된 계기는

2016년 5월 28일 서울메트로(서울교통공사 전신) 하청업체 소속의 19세 김군이 구의역 스크린도어 수리 중 전동차에 치여 숨지는 사고였다. 사고 초기 김군 개인의 과실로 책임을 전가하려던 서울메트로 측의 태도에 유가족과 시민들의 분노는 일파만파로 번져나갔고, 마침내 서울시 교통본부장 입회하에 "서울시 주관으로 진상조사단 구성, 진상조사 실시 후 재발 방지 대책을 수립하고 시행한다"는 합의가 이뤄졌다. 나는 당시 유족을 대리해 합의에 참여했다.

합의 전후로 두 개의 진상조사 기구가 한두 달간 진상조사를 한 결과 김군 사망사고의 원인은 안전업무 외주화로 인한 위험의 외주화, 정규직과 비정규직 노동의 구분과 차별로 생긴 소통 단절, 경영 합리화와 비용 절감을 이유로 한 과도한 인력 감축 등으로 압축되었다. 그 대책이 안전·생명 업무의 직영화, 노동 차별을 시정하기 위한 정규직화, 2인 1조 작업이 가능하도록 하는 인원 충원 등이었다. 박원순 시장은 진상조사 기구의 진상조사 과정에서 지하철 안전과 관련 있는 스크린도어 수리, 차량 검수, 구내 운전, 모터카 및 철도장비·궤도 보수, 역무 지원 등의 업무를 안전 업무직으로 직영화하고, 하청업체 소속 노동자들을 무기계약직으로 고용할 것과 2인 1조 작업이 가능하도록 안전 업무 인원을 충원하겠다고 약속했다.

안전 업무직 무기계약직 전환 방식은 두 경로를 거쳐 이루어졌다. 첫째, 구의역 사고 당시 이미 하청업체에서 근무하고 있던 노동자들에 대해선 하청업체 입사 과정의 문제 등 결격사유가 있는 사람을 제외하고 무기계약직으로 고용하는 제한 경쟁 채용 방식을 취했다. 구의역 사고 당시 김군이 소속되어 있던 은성PSD를 비롯한 하청업체들에서 직접 채용한 비정규직 노동자들의 급여 수준은 최저임금을 조금 상회하는 등 매우 열악했다. 이들은 서울메트로가 직영화와 무기계약직으로 전환할 계획이 없던 시기에 열악한 노동조건을 감수하고 취업한 밑바닥 노동자들이었다. 둘째, 부족한 인원을 신규로 채용해 충원하는 과정에선 공개 채용 방식을 취했는데, 서류 심사 및 블라인드 면접 방식이었다. 권력이나 정규직 재직자 지위를 이용한 친·인척 채용의 가능성을 배제하기 위한 것이었다.

2017년 5월 서울교통공사가 출범하면서 무기계약직과 정규직이 동일 업무를 수행하는 일이 발생했다. 예를 들면 스크린도어 수리 업무의 경우 서울메트로는 무기계약직, 도시철도는 정규직이 담당한다. 이런 이유로 구의역 사고 1주년을 맞이해 무기계약직의 완전한 정규직 전환 요구가 표면화되었고, 같은 해 7월 17일 서울시는 결단을 내려 무기계약직의 정규직 전환을 발표했다.

서울교통공사의 비정규직의 정규직화 과정을 보면, 정규직화를 전제로 무기계약직을 채용한 것이 아니다. '이명박근혜' 정부 시절 경영 효율화와 비용 감축을 이유로 다수의 위험한 업무와 주변 업무를 외주화했고, 그 결과 안전에 위험이 증가하고 비정규직 노동자들이 목숨을 잃는 일이 반복됐다. 그러다 19세 김군의 사망사고를 계기로 사회적 자성이 일면서 다시 정규직화를 추진한 것이다. 자유한국당과 조선일보는 안전·생명, 상시·지속적 업무에서 사고 위험을 줄이고 노동에서의 차별을 없애기 위한 정규직화를 근거도 없이 고용 세습, 권력형 채용 비리로 둔갑시켰다. 악선동을 당장 멈추라. 그 사악함을 김군이 지켜보고 있다.

〔경향신문 2018.11.〕

칼럼

정규직화 가로막는 총인건비제 폐기해야

2017년 5월 12일 문재인 대통령은 인천국제공항을 방문해 공항에서 일하는 간접고용 비정규 노동자들을 만난 자리에서 "임기 내 공공부문 비정규직 제로 시대를 열겠다"며 "상시·지속 업무와 안전·생명 관련 분야는 반드시 정규직으로 고용한다는 원칙을 세우겠다"고 약속했다.

이에 화답이라도 하듯 정일영 인천국제공항공사 사장은 "올해 안에 협력사 직원 1만 명을 비정규직에서 정규직으로 전환하겠다"고 발표했다. 지속적으로 비정규직을 늘린 지난 정권들의 행태에 비춰보면 참으로 격세지감이 아닐 수 없다. 대통령 잘 뽑았다는 말이 나올 만도 하다. 하지만 정규직화 선언만으로 비정규직 제로 시대가 열리지는 않는다. 공공부문에서 비정규직이 증가하는 요인을 점검하고 그 원인을 제거하는 것이 필요해 보인다.

거리에 핀 정의

첫째, 지금까지 공공부문에서 비정규직이 매년 증가한 것은 역대 정부가 전가의 보도처럼 휘둘렀던 비용 절감, 경영 효율화 정책 때문이다. 이명박 정부 시절 공공기관 선진화 정책과 박근혜 정부 시절 공공기관 정상화 정책 등이 그것이다. 그 내용을 보면 기능 조정이라는 이름으로 비핵심 업무 축소, 민간 개방 확대, 민간 경합 축소 등 구조조정과 민영화와 외주화를 부추기는 정책으로 가득 차 있음을 확인할 수 있다. 공공부문에서 비정규직 문제를 해결하려면 구조조정과 외주화를 조장해온 정책과 지침을 폐기해야 한다는 것은 두말할 나위가 없다. 예를 들면 '민간 위탁 활성화'나 '시간 선택제 공무원 확대' 혹은 '구조조정을 통한 재무 구조 개선을 위해 비핵심 업무 아웃소싱을 적극 추진한다' 같은 행정 지침·규정을 삭제해야 한다.

둘째, 공공부문 경영 평가 방식을 변경할 필요가 있다. 문재인 대통령은 "이제는 고용을 늘리고 비정규직을 정규직으로 전환하면 경영 평가에서 좋은 점수를 받는 평가 요소로 대전환하겠다"며 기획재정부에 공공기관 경영 평가 지침 변경을 주문했다. 그동안 비용이나 효율에 중점을 둔 경영 평가 방식 때문에 비정규직이 증가해왔음을 고려할 때 매우 적절한 주문이 아닐 수 없다. '이명박근혜' 정부하에서 나온 경영 합리화, 효율화, 수익성 중심의 평가 방식을 생명, 안전, 고객 만족도, 차별 해소, 고용 안정 중심으로 탈바꿈해야 한다.

셋째, 비정규직의 정규직화와 관련해 핵심 사항으로 공공부문에 적용되는 총인건비 내지 기준인건비제에 주목해야 한다. '이명박근혜' 정부에서 기획재정부는 공공기관의 임금·복지를 총인건비 내에서 정부 예산과 경영 지침에 따라 운영되도록 철저히 통제했다. 행정자치부가 정한 '공기업·준정부기관 예산편성 지침과 지방공기업 예산편성 기준'은 예상 운용 전반의 규제 틀로 노동자의 임금 결정을 구속하는 강력한 통제 장치 중 하나로 작용하고 있다.

예산 편성 지침과 기준에서 결정하는 총인건비제 혹은 기준인건비제는 인건비 한도에서 조직 정원과 인건비, 예산을 각 기관의 특성에 맞게 배분해 자율적으로 운영하도록 하는 제도다. 그런데 실제로는 신규 인력 충원이 필요한 분야의 증원을 저해하고, 필요한 인원을 인건비가 아닌 사업비로 책정하는 기간제 비정규직이나 민간위탁·외주화 방식으로 돌려 사용하게 함으로써 비정규직을 조장하는 원인이 돼왔다.

총인건비제를 그대로 두고 비정규직을 정규직화하려면 당장 인건비 한도에 부닥치게 되는 문제가 발생한다. 총인건비제를 폐기하거나 수정하지 않으면, 당장 정규직화 자체가 불가능하거나 사업비를 인건비로 전용해 정규직화하더라도 노동조건은 비정규직일 때의 수준을 벗어날 수 없게 된다. 기간의 정함이 없는 고용으로 전환됐으나 비정규직 당시의 임금·복지 수준에서 벗어나지 못해 '무기계약직' 내지 '중규직'이라는 이름의 또 다른 차별이 지속되는 문제가 발생한다. 비정규직의 정규직화든 무기계약직의 처우 개선이든 이를 위해서는 총인건비제를 폐기하거나 대폭 수정해야 한다.

벌써부터 공공부문 정규직화 방식으로 공사에 자회사를 설립해 간접고용 노동자들을 고용하는 방안을 검토하고 있다는 보도가 나온다. 자회사 방식은 원청 정규직을 줄이고 싼 임금으로 노동력을 사용하는 차별의 또 다른 유형이다. 무늬만 정규직이고 처우는 비정규직 상태를 지속하는 방편이 되기 십상인 자회사 방식의 정규직화를 반대한다.

〔매일노동뉴스 2017.5.〕

노동시간 단축 개정안에 부쳐

2018년 1월 18일 대법원에서 휴일근로 중복가산금 청구소송에 대한 공개 변론이 열렸다. 평일에 8시간씩 주 40시간의 법정 근로시간을 근무하고 토·일요일에도 4시간씩 추가 근무를 한 데 대해 성남시가 '휴일근로 수당 50퍼센트만 추가해 통상임금의 1.5배를 지급하자 미화원들이 연장근로 수당 50퍼센트를 추가해 2배'를 줘야 한다며 낸 소송이다. 공개 변론에서는 휴일근로도 연장근로에 해당하는지와 주 40시간을 넘는 휴일 추가 근무에 휴일근로 수당과 연장근로 수당을 중복 가산할 것인지가 쟁점이 됐다.

또 주당 허용 노동시간을 노동부 해석상의 68시간(주 40시간+휴일 제외 주당 연장근로 12시간+휴일근로 8시간×2일)에서 52시간(주 40시간+휴일 포함 주당 연장근로 12시간)으로 줄이는 노동시간 단축에 관한 근로기준법 개정안이 국회 환경노동위원회에 상정돼 있다. 개정안 논의와 관련해 휴일 포함 주당 허용 연장근로 시간을 12시간으로 하되, 주 40시간을 초과하는 휴일근로에 대해서는 휴일근로 수당 외에 연장근로 수당을 중복으로 가산해 지급할 것인지를 두고 여야 환노위 간사들은 '중복 할증 불가' 내용의 합의안을 마련했다. 그러나 "간사 간 합의안은 근로기준법 개악"이라는 일부 여야 의원들과 노동계의 반발이 거세다. 노동계는 "모처럼 해빙 무드를 맞은 노정 관계에 찬물을 끼얹는 행위"라며 강력 반발하고 있다.

이러한 논쟁은 근본적으로 잘못된 고용노동부 행정 해석에 기인하고 있음은 두말할 나위가 없다. 노동부는 1981년 이래로 1주간의 연장근로 시간에 휴일근로 시간이 포함되지 않는다고 해석했다. 이 해석으로 인해 휴일근로는 연장근로 제한 규정 적용을 받지 아니하는 것으로 인식돼 휴일근로만큼 덤으로 '싼' 초과 근로를 가능하게 만들었고, 그 결과 세계 최장 시간 노동을 자랑하는 국가가 됐다. 노동부 해석이 법리상으로 얼마나 엉터리였는지 살펴보자.

첫째, 휴일근로도 연장근로에 해당하는지를 둘러싼 논쟁이다. 현행 근로기준법은 "1주간의 근로시간은 휴게 시간을 제외하고 40시간을 초과할 수 없다"(제50조 1항)고 정하고, "당사자 간에 합의하면 1주간에 12시간을 한도로 50조의 근로시간을 연장할 수 있다"(제53조 1항)고 규정하고 있다. 결국 1주간에 휴일이 포함되느냐 그렇지 않느냐라는 문제로 귀결된다.

그런데 학설에서는 근로기준법상 1주를 어떤 특정일을 기점으로 7일간으로 보는 견해와 서구의 역일을 고려해 일요일부터 토요일까지의 7일간으로 보는 견해는 있으나. 1주를 5일이나 6일로 보는 견해는 존재하지 않는다. 즉 어떤 학설이든 1주의 의미는 휴일을 포함한 7일간을 의미하는 것으로 본다. 만일 1주의 의미에 휴일이 포함되지 않는 것으로 해석하면 장시간 노동을 방지하기 위한 주 40시간 원칙과 연장근로 제한 규정 자체가 형해화돼 노동시간 단축 노력이 물거품이 되고 만다. 혹자는 연장근로와 휴일근로를 구분해 규정하고 있는 점을 이유로 휴일근로가 연장근로에 포함되지 않는다고 주장한다. 야간근로 또한 연장근로와 구분해 규정하고 있는데(제56조), 이 견해에 따르면 야간근로는 연장근로에 포함되지 않아서 야간근로 수당만 주면 연장근로 시간 외에 야간근로 시간만큼 더 연장해서 근로를 시킬 수 있다는 터무니없는 결론에 도달하게 된다.

둘째, 현재 가장 첨예하게 대립하는 사안은 주 40시간을 넘는 휴일 추가 근무시 휴일근로 수당과 연장근로 수당을 중복 가산할 것인지 여부를 둘러싼 논쟁이다. 가산 수당 사유가 중복할 경우에 발생하는 할증 중복 적용의 문제는 중복되는 가산 사유가 그 성격을 달리해 가중 지급을 인정할 것인지, 아니면 가산 사유가 동질적인 것이어서 그중 하나로 통합해 산정해야 하는지의 문제다.

연장근로 시간을 제한한 것은 법정 근로시간을 기준으로 산업 혁명 당시의 과중한 장기간 근로에서 노동자의 건강을 보호하려는 데 그 기원을 두고 있다. 오늘날에도 인간의 생리적 측면(근로로 인한 피로 회복과 건강 유지)을 고려해 근로시간 연장을 억제하려는 것이 그 주된 취지인 반면, 주휴일 의무화는 일요일을 안식일로 하는 기독교의 오랜 관습에서 유래되고 그것이 오늘날 노동자 보호를 목적으로 하는 법 규제로 정착돼 휴가 제도와 함께 노동자에게 '시민으로서의 생활을 위한 여가권'을 보장하려는 데 그 주된 목적이 있다. 이처럼 연장근로의 제한과 주휴일의 기원 및 취지를 고려해볼 때, 연장근로 수당은 '근로시간의 길이'(장시간 노동에 따른 노동력 소모)에 대한 보상이고 휴일근로 수당은 '여가 시간의 상실'에 대한 보상으로, 양 수당의 차이는 단순한 양적인 차이를 넘어서는 질적인 것이다. 그렇다면 야간근로가 연장근로와 중복될 경우 그 질적인 차이(근로시간의 시점 vs 길이)를 이유로 가산 수당을 중복 할증하고 있는 것과 마찬가지로, 휴일근로와 연장근로가 중복되는 경우 그 질적인 차이(여가 시간 상실 vs 근로시간 길이)를 이유로 가산 수당을 중복 적용하는 것은 내용 면에서도 지극히 타당하다.

따라서 주 40시간을 초과하는 휴일근로에 대해 중복 할증을 부정하는 근로기준법 개정안은 노동부의 잘못된 행정 해석으로 되돌아가는 것이다. 노동시간을 단축하는 데 가장 효과적인, 경제적 수단을 포기하고서 노동시간 단축을 이야기하는 것은 그 자체로 모순이다. 잘못된 행정 해석을 시정해야 할 국회가 도리어 이를 입법으로 제도화하겠다는 것인가. 휴일근로를 조장하는 입법 시도는 철회돼야 한다.

〔매일노동뉴스 2018.1.〕

최저임금 산입 범위 확대 시도 유감

2018년 5월 21일 국회 환경노동위가 고용노동소위(법안심사소위)를 개최해 최저임금 산입 범위 확대를 담은 최저임금법 개정안을 논의한다고 한다. 환노위는 매월 지급하는 상여금을 최저임금에 포함하기로 가닥을 잡은 것으로 알려졌다.

정부는 2017년 최저임금 인상을 결정하는 과정에서 "최저임금 인상은 우리 경제 체질을 바꾸는 의미 있는 결정"이라며 "저임금 노동자 삶의 질을 보장하고 가계소득을 높여 소득 주도 성장의 기반이 될 것"이라고 역설했다. 노동조합이 조직돼 있지 않은 대다수 중소·영세 업체와 비정규 노동자들에게는 최저임금이 곧 최고임금액처럼 기능하는 현실에서 이미 건널 수 없는 임금 양극화 현상을 그나마 완화할 방법이 바로 최저임금 인상이었다. 그런데 1년도 채 되지 않아 최저임금 인상을 무력화할 방안을 국민

대표 기관이라는 국회가 앞장서 입법화를 시도하고 있다. 노동이 존중받는 사회를 만들겠다고 하던 대선 공약은 국회 앞에서 멈춰 서는 것일까.

2017년 최저임금위원회에서 2018년 최저임금을 16.4퍼센트 인상하기로 결정하자 사용자들은 최저임금 인상분을 회피하려고 온갖 꼼수를 부리기 시작했다. 멀쩡한 근무시간임에도 서류상 휴게 시간을 늘려 소정 근로시간을 단축하고, 일방적으로 상여금을 기본급에 포함시키고, 지급하던 식대를 폐지하고, 그것도 모자라 해고를 통해 인건비 총액을 유지하는 각종 백태를 연출했다. 그러면서 최저임금 인상 때문에 소상공인들이 망한다는 논리를 거침없이 쏟아냈다. 보수 언론이나 경제지들을 보고 있노라면 최저임금 인상으로 우리 경제가 곧 절단날 것 같다는 걱정을 해야 할 판이다.

그런데 소상공인들의 매출 구조를 보면 이들의 주장이 얼마나 과장돼 있는지를 알 수 있다. 자영업자 소상공인의 매출 구조를 분석한 경향신문 기사에 따르면 한 프랜차이즈 빵집의 경우 원청 대기업이 제공하는 재료 물품대가 차지하는 비중이 68.4퍼센트이고, 월세는 15.4퍼센트인 데 반해 인건비는 8.0퍼센트였다. 한 편의점은 원청 대기업이 제공하는 재료 물품대가 76.9퍼센트이고, 인건비는 12.7퍼센트였다. 이들 자영업에서 10퍼센트 남짓한 인건비 비중을 고려할 때 최저임금이 16.4퍼센트 오르면 매출액에서의 비용 증가분은 1.6퍼센트 정도에 그침을 알 수 있다.

1.6퍼센트 정도의 비용 증가로 소상공인이 망한다는 주장을 어떻게 받아들여야 할까. 게다가 통계청 2015년 기준 자영업 현황 분석 자료에 따르면 자영업 등록 사업자 479만 개 중 고용원이 있는 사업자는 86만 2천 개이고 고용원이 없는 사업자가 392만 8천 개로 최저임금 인상에 영향을 받지 않는 자영업자가 82퍼센트나 된다. 그럼에도 왜 이렇게 호들갑을 떠는 걸까.

여기서 간과하지 말아야 할 것은 최저임금 산입 범위 확대 논의가 동네 식당이나 프랜차이즈 가게에서 일하는 알바 노동자 등 취업자들과는 대부분 무관하다는 사실이다. 왜냐하면 이들에게는 정기 상여금이나 교통비 등이 있을 리가 없기 때문이다. 그동안 자본가 단체들은 상여금과 숙박비·식비·교통비 등 복리후생비를 최저임금에 포함시켜야 한다고 주장했다. 이제 소상공인과 영세 자영업자들을 걱정하는 것처럼 집요히 최저임금 인상 문제를 물고 늘어졌던 자본과 언론의 저의가 드러나고 있다. 정기 상여금이나 각종 수당을 지급하고 있는 곳은 상대적으로 지불 능력을 갖추고 있는 중소기업 이상 대기업들이다. 만일 국회가 정기 상여금 등 각종 수당을 최저임금 산입 범위에 포함시키는 것으로 법제화한다면 지불 능력이 있는 이들 기업들은 그 자체로 다년간 최저임금 인상 수준을 가볍게 넘을 수 있게 되고, 이를 통해 실질적인 최저임금 인상 효과를 무력화할 수 있게 된다. 최저임금은 인상됐는데 실수령액은 변하지 않는 마술 같은 일이 벌어지는 것

칼럼

이다.

　최저임금 인상에 따른 기업들의 이윤 감소를 막기 위해 최저임금 산입 범위 확대와는 거의 무관한 자영업자와 소상공인들을 방패막이로 내세워 최저임금 정상화라는 '썰'을 풀었던 것이다. 2019년 최저임금 논의가 본격적으로 시작되는 5월이 되자 보수 언론과 경제지들은 이른바 '최저임금 부작용'을 지적하는 기사들을 연일 쏟아내고 있다. 이를 기화로 자본가들이 최저임금 인상분을 회피하려고 상여금을 쪼개고 수당과 교통비를 기본급에 억지로 산입하던 꼼수를 국회가 나서 합법화해주겠다는 것이다. 임금 불평등을 해소하고 가계소득을 높여 소득 주도 성장의 기반을 마련할 것이라던 정부 여당의 기세는 어디로 갔는가. 최저 시급 1만 원 시대를 달성하기 위한 첫걸음을 떼기가 무섭게 실질적인 최저임금 인상을 무력화하려는 국회 시도에 실망하지 않을 수 없다. 최저임금 인상에 따른 효과가 제대로 검증되지도 않은 상황에서 최저임금 인상을 '도루묵'으로 만들어버리는 시도를 중단하라. 그것도 하필이면 박근혜 정권의 반노동정책과 국정농단에 맞서 싸우다 구속된 한상균 전 민주노총 위원장이 석방되는 날 최저임금 인상 효과를 반감하는 입법을 시도한다니 이게 무슨 조화인가.

[매일노동뉴스 2018.5.]

최저임금 전쟁의 비밀,
대기업 자본의 수탈 구조가 원인

최저임금 때문에 소상공인들이 망하게 생겼다고 연일 기사화되고 있다. "소득 주도 성장을 내세운 최저임금 인상이 영세 기업과 소상공인을 존폐 위기로 내몰고 있다."(박성택 중소기업중앙회회장) 가파른 최저임금 상승으로 인해 저임금 노동자들에게도 일자리가 줄어든다고 수구 언론이 나서서 걱정을 한다. 알바 노동자 고용의 대표적인 사업장인 편의점 점주들이 최저임금 불복종운동을 선언하며 전면에 나섰다. 편의점 실상이 어떤 것이기에저임금 노동자들의 실질임금을 올려 사회 양극화를 개선하자는정책을 정면으로 거부하고 나서는 걸까.

2016년 기준 전국 프랜차이즈 편의점 매장 수는 3만 2611개이고, 총매출액은 20조 3241억 원으로 전년 대비 3조 원 이상 증가했다. 1년 사이에 편의점 수는 12.5퍼센트, 매출액은 17퍼센트나 증가했다. 프랜차이즈 편의점 수가 늘어가는 것에 비례해 총 매출액이 증가하고 있는 구조다. 그럼에도 편의점 점주들은 최저임금 인상으로 인해 망하기 일보 직전이라고 하니 어떻게 된 일일까.

편의점 계약에서 가장 일반적인 것은 시설과 인테리어 비용을 편의점 본사가 투자해주고 임대료는 편의점 점주가 부담하는 형태로 이를 점주 임차형이라 부른다. 이 경우 본사가 매출 총이익에서 35퍼센트를 가져간다고 한다. 매출 총이익이란 판매 물건 값에서 물건 원가만을 뺀 것이다.

점주 임차형 편의점을 예로 들어 점주의 비용 부담과 수익 구조를 생각해보자. 월 임대료가 200만 원이고 전기세 등 기타 관리비로 100만 원이 지출되는 한 매장에서 월 5000만 원의 매출을 올려 매출 총이익이 1200만 원이 생겼다고 가정해보자. 가장 먼저 편의점 본사에 가맹수수료 명목으로 매출 총이익의 35퍼센트인 420만 원을 보내야 한다. 그다음으로는 건물 임대료로 200만 원, 전기세 등 기타 관리비로 100만 원을 지불해야 한다. 그리고 이 점포에서 주야간으로 알바 노동자 2명을 고용해 주 5일간 하루 8시간씩 일을 시키고 나머지 시간과 주말에는 점주 부부가 돌아가며 일을 했다고 가정하면, 월 314만 원(157만 원× 2)이 인건비로 지출된다. 그러면 점주에게 남는 것은 166만 원이다. 부부가 주말에는 같이 일을 하면서도 점주에게 떨어지는 수익은 166만 원으로 알바 노동자보다 못하다. 그러기에 알바 노동자를 위해 최저임금을 더 올리는 것은 부당하다고 해야 할까? 과연 그럴까? 한번 순서를 뒤집어보자.

매출 총이익 1200만원에서 임대료와 인건비, 관리비를 먼저 공제하는 것이다. 그러면 586만 원이 남는다. 점주 입장에서는 이 586만 원이야말로 진정한 순이익이다. 본사와 편의점을 동업 관계로 봐 순이익 586만 원을 기준으로 본사에 35퍼센트인 205만 원을 보낸다면, 편의점 점주는 381만 원을 수익으로 얻게 된다. 바로 여기에 구조적인 비밀이 숨어 있다.

편의점 본사는 가맹 점주의 인건비나 임대료 등에 대해 전혀 책임을 지지 않는다. 편의점의 비용이 어떻게 되든 물건 원가를 공제하고 남는 매출 총이익 중 35퍼센트를 가져가는 구조야말로 얼마나 황당한 일인가. 여기에 편의점 본사에서 공급하는 다양한 필수 품목 물건 원가에는 이미 일정한 유통 마진(이윤)이 붙어 있을 것임은 불문가지다. 편의점 본사는 공급하는 물건 값에도 일정한 이윤을 붙여서 이익을 보고, 매출 총이익에서 다시 엄청난 비율(35퍼센트)의 가맹수수료를 가져감으로써 이중의 이익을 보는 셈이다. 2017년 CU는 2342억 원, GS25는 2092억 원의 영업이익을 기록했다. 이렇게 본사에 절대적으로 유리한 계약이다 보니, 본사 입장에서는 매장을 늘려가는 것이 곧 이익이 증대하는 길이다. 실제로 편의점 업종 성장률은 2016년 18.4퍼센트, 2017년 13.4퍼센트였다. 그 결과 반대로 매장 수가 늘어날수록 점주들의 매출액과 이익은 곤두박질치게 돼 있다. 물론 250미터 거리 제한 규정이 있다. 그러나 이 제한은 같은 브랜드 점포에만 적용된다. 다른 브랜드 점포에는 적용되지 않는다. 그러니 한 건물 건너 편의점이 있을 정도로 편의점이 늘어난 결과 이제 4만 개를 넘어섰다.

현재와 같은 프랜차이즈 본사와 가맹 점주 사이의 분배 구조에서는 처음부터 점주의 지위가 알바 노동자와 별반 다를 게 없다. 편의점 점주의 운영난은 근본적으로 최저임금 인상에 기인한 것이 아니라 슈퍼갑의 수탈 구조에 있음을 확인할 수 있다. GS25는 2016년 1309개 점포를 신규로 열었는데, 그사이 계약 종료는 198개, 계약 해지는 116개였고, 명의를 변경한 편의점은 1035개였다. 2017년에도 계약 종료는 233개, 계약 해지 95개, 명의 변경은 1035개나 됐다. 16.4퍼센트 최저임금 인상 이전인 2016년과 2017년에도 점주들은 처음부터 수익이 나지 않는 점포를 명의 이전으로 폭탄 돌리기를 하고 있었던 것이다.

그럼에도 수구 언론과 자본은 수탈 구조의 비밀을 숨긴 채 가장 취약한 저임금 노동자들의 최저임금 인상을 공격하고 있다. 이를 통해 얻는 것은 무엇일까? 166만 원의 수익을 가져가는 점주와 단신 생계비(2017년 기준 193만 원)에도 미치지 못하는 최저임금 157만원을 받아가는 알바 노동자 사이에 10만~20만 원을 두고 누가 더 가져갈 것인지 싸움을 붙이고 있는 셈이다. 점포당 수백만 원 내지 수천만 원의 이익을 챙겨가는 슈퍼 갑은 뒤에서

거리에 핀 정의

손으로 입을 가리고 웃고 있을지도 모른다. 그들에게는 아무런 손해도 끼치지 않는 싸움이 전개되고 있으니 말이다. 대기업 자본에 의한 수탈 구조를 놓아둔 채 최저임금 노동자를 공격 대상으로 하는 생존경쟁의 현실이 참혹할 뿐이다.

최저임금 인상을 둘러싼 논쟁은 시급 인상분 820원을 갖고 을인 영세 자영업자와 병인 알바 노동자가 싸울 것인지, 아니면 을과 병이 연대해 한 해 20조 원의 매출로 수천억 원의 영업이익을 보고 있는 슈퍼 갑들과 싸움을 할 것인지를 선택하는 기로에 섰다. 그런데 현실에서는 작은 노력에도 불구하고 슈퍼 갑과 을이 연대해 병을 향하고 있는 모양새다. 이를 어찌해야 하나.

[매일노동뉴스 2018.7.]

'공정'이라는 함정

  노동조합에 가입하지 않은 서울교통공사 정규 직원 중 400명과 교통공사 공채 지원자 중 탈락자 114명이 '채용 절차가 간단한 무기계약직을 정규직으로 전환하는 것은 형평성에 어긋난다'며 서울행정법원에 소송을 제기했다. 2018년 11월 22일 서울행정법원은 "서울교통공사가 행정소송 대상이 되는 행정청에 해당하지 않고 교통공사 근무 관계는 공법이 아닌 사법 관계에 속하며, 정규직이나 수험생의 경우 침해될 이익이 있다 해도 간접적인 이익에 불과하다"는 등의 이유로 소송을 각하했다. 소를 제기할 당시 원고로 참여했던 당사자들은 비정규직이 시험으로 선발돼야 할 양질의 청년 일자리를 빼앗아 간다고 공격했다.

  우리 사회에서 정규직화 반대 목소리는 비단 서울교통공사에만 존재했던 것이 아니다. 기간제 교사들의 정규직화를 반대해 임용고시 준비생들이 서울시청 광장에서 결사 반대를 외쳤고, 각종 공기업 내지 공공기관의 정규직화에 대해 일부 정규직과 취업 준비생들의 반대가 빗발쳤다. 이들의 주장은 시험에 합격하지 않은 비정규직이 잠 안 자고 공부해 합격한 정규직과 동일한 처우를 받는 것은 역차별로 부당하고, 시험을 준비하는 청년들의 일자리를 빼앗는다는 것이었다. 비정규직이 정규직 일자리에 무임승차함으로써 균등한 기회를 박탈한다는 것이다. 따라서 비정규직의 정규직화는 공정성을 상실한 것이고 정의롭지 못한 것이라고 분개했다.

우리 사회는 어느새 시험 성적만이 가장 공정한 기준이 되는 시험 만능주의 사회가 돼버렸다. 서류로 치르는 평가 시험 점수를 우리는 '실력'이라고 부른다. 성적은 자신의 능력으로 치환되고, 성적에 따라 서열이 매겨진다. (물론 이마저도 권력과 자본 앞에서는 무력하다.) 성적 상위자는 기회를 누리나, 경쟁에서 탈락한 자는 낙오자로 전락하고 차별과 배제를 정당한 것으로 받아들여야 한다. 심지어 그 시험에 참여하지 않은 자가 어떠한 실무 능력을 갖춰도 시험을 통과한 자들이 속한 직군에 포함되거나 이들과 동등한 처우를 받아서는 안 된다. 많은 사람들은 말한다. '기회 균등과 정당한 노력, 실력에 대한 온전한 보상'을 주장하는 것이 무엇이 잘못됐느냐고 말이다.

정말 기회가 균등했던 것일까? 벤츠 타고 최고급 과외를 받으러 다닌 부잣집 학생과 아르바이트 두 탕을 뛰어야 겨우 대학등

록금을 마련할 수 있는 가난한 학생 사이에 기회의 균등이 가당키나 한가. 부모도 능력이라고 하면 할 말은 없다. 정당한 노력은 왜 종이 시험으로만 평가돼야 하는 것일까. 스크린도어 수리 업무에 필요한 기능사 자격을 취득하고 그 업무를 처리할 숙련과 경험을 쌓았다면 그 자체로 평가돼서는 안 되는 것일까. 과연 실력으로 포장된 성적 서열화 사회가 행복하고 공평한 사회를 만들 수 있는 것일까?

사회가 정한 일정한 자격을 갖춘 자만이 사회적 대우를 받고 존엄성을 인정받는 체제를 '능력 급부 존엄 체제'라 부른다고 한다. 이런 체제는 서열화를 거쳐 '무한 경쟁 승자 독식'으로 귀결되게 마련이다. 이런 사회는 획일적인 기준을 근거로 더불어 살자는 공동체 가치를 허물고, 사회적 약자를 박멸해가는 사회다. 실력이라는 이유로 강자가 약자를 공격해도 도덕적 가책을 전혀 느낄 필요가 없는 사회다. 그것은 자유롭고 평등한 사회가 아니라 자유가 평등을 버리고 달리는 체제, 평등이 거세된 사회다. 돈과 권력이 능력으로 칭송받고 서열과 시장의 자유만이 존재하는 신자유주의 체제 단면이다.

마태복음 20장을 보라. "하늘나라는 자신의 포도밭에서 일할 일꾼을 찾으려고 아침 일찍 나간 주인과 같다. 그는 일꾼들에게 하루 품삯으로 한 데나리온을 주기로 하고, 그 일꾼들을 포도밭으로 보냈다. 주인이 오전 9시쯤에 다시 시장에 나갔다가 거기서 빈둥거리며 서 있는 몇몇의 사람들을 봤다. 주인이 그 사람들에게 말했다. '당신들도 포도밭에 가서 일하시오. 적당한 품삯을 주겠소.' 그러자 그들은 포도밭으로 갔다. 이 사람이 다시 낮 12시와 오후 3시쯤에 나갔다. 그리고 똑같이 말했다. 또 오후 5시쯤에도 시장에 나가 또 다른 사람들이 거리에 서 있는 것을 보고 물었다. '왜 당신들은 하루 종일 빈둥거리며 서 있습니까?' 그들이 대답했다. '아무도 우리에게 일자리를 주지 않았습니다.' 주인이 그들에게 말했다. '당신들도 나의 포도밭에 가시오.' 저녁이 되자, 포도밭 주인이 관리인에게 말했다. '일꾼들을 불러 마지막에 온 사람부터 맨 처음에 왔던 사람까지 품삯을 주어라.' 오후 5시에 고용된 일꾼들이 와서, 각각 한 데나리온씩을 받았다. 맨 처음에 고용됐던 일꾼들이 왔다. 그들은 더 많은 품삯을 받게 될 것이라고 기대했지만, 그들도 한 데나리온씩을 받았다. 그러자 그들은 포도밭 주인에게 불평했다. '저 사람들은 겨우 한 시간밖에 일하지 않았는데, 하루 종일 뙤약볕 아래서 수고한 우리들과 똑같이 취급하는군요.' 그러자 포도밭 주인이 말했다. '친구여, 나는 당신에게 잘못한 것이 없고, 당신들은 한 데나리온을 받기로 나와 약속하지 않았소? 당신 것이나 갖고 돌아가시오. 나는 나중 사람에게도 당신과 똑같이 주고 싶소. 내가 자비로운 사람이라서 당신의 눈에 거슬리오?' 그러므로 꼴찌가 첫째가 되고, 첫째가 꼴찌가 될 것이다."

이처럼 노동이 존중받는 사회란 노동을 서열화해 차별하고 배제하는 사회가 아니다. 획일적인 기준을 들이대며 그 기준 이외에는 공정하지 않다고 강요하는 사회가 아니다. 자신이 가진 능력껏 최선을 다했다면 인간다운 대우를 받을 수 있는 사회를 말한다. '잘난 노동'이 '못난 노동'을 공격하는 선동은 멈춰야 한다. 거꾸로 차별 없는 일자리를 만들라고 같이 외쳐야 한다. 연대란 약자를 배제하는 것이 아니라 그 손을 잡는 것이다.

[매일노동뉴스 2018.12.]

거리에 핀 정의

정녕 암적인 존재는 누구인가?

2019년 1월 18일 '비정규직 100인 대표단' 소속 비정규직 노동자 6명이 대통령 관저 경계로부터 100미터 이내인 청와대 신무문 앞에서 '비정규직 이제 그만'이라고 적힌 손현수막을 들고 같은 내용의 구호를 외쳤다는 이유로 집시법 위반죄의 현행범인으로 경찰에 체포됐다. 그리고 1월 20일 검찰은 이들 중 김수억 민주노총 금속노조 기아차 비정규직 지회장에 대해 '비정규직 이제 그만, 1100만 비정규직 공동투쟁' 과정에서 진행한 청와대 앞 세 차례 집회, 서울지방고용노동청과 대검찰청 내 농성 등을 범죄 사실에 포함해 구속영장을 청구했다. 다행히도 1월 21일 법원 영장실질심사에서 구속영장은 기각됐고 김지회장은 석방됐다. 우리는 김지회장이 석방됐다는 사실만으로 안도해도 되는 것일까?

김지회장에 대한 경찰의 체포와 검찰의 영장 청구는 촛불항쟁에 힘입어 정권이 교체된 이후에도 노동자들에 대해 갖는 검경의 공안적 시각을 고스란히 드러낸 사건으로 기록될 만하다.

검찰은 2018년 9월 27일 삼성전자와 삼성전자서비스 노조 와해 사건 중간 수사 결과를 발표하면서 "그동안 노동조합의 불법 행위에 대해서는 업무방해죄 등으로 강하게 처벌해온 반면, 사 측의 부당노동행위에 대해서는 법정형이 상대적으로 가볍게 규정되어 있고, 사 측에 유리하게 해석·운영되어온 경향이 있어 우리 노사 관계는 '기울어진 운동장'으로 표현된다"고 하고 "이와 같은 '기울어진 운동장'에 서 있는 근로자들은 자신들의 권리 보장을 위해 불법 폭력·과격 행동을 하게 된 측면이 있고, 결국 노동조합의 불법행위에 대해 상대적으로 강경한 대응을 초래한 사례도 있었다"며 과거 노동자와 노동조합에 강경 대응한 것을 두고 반성하는 듯한 태도를 취했다.

경찰청 또한 2018년 5월 14일 경찰 활동 전반의 인권 기준을 정립하고 인권 행정의 기반을 마련하기 위해 경찰청 훈령인 '인권보호를 위한 경찰관 직무규칙'을 '경찰 인권보호 규칙'으로 전면 개정하면서 인권 중심의 경찰로 탈바꿈하겠다고 발표했다. 나아가 검찰은 대검찰청 산하에 검찰 과거사 진상조사단을, 경찰은 경찰청 인권침해사건 진상조사위원회를 자체적으로 만들어 과거 국가 공권력의 이름으로 자행한 인권 침해 사건의 진상을 조사하고 국민에게 사죄해 향후 과거의 잘못이 되풀이되지 않도록 하겠다는 의지를 표명했다. 심지어 문무일 검찰총장은 박종철 열사 고문치사 사건, 강기훈 유서 대필 사건, 형제복지원 사건에서 과거 잘못된 검찰 수사와 관련해 사과하는 모습을 보였다.

그런데 검경은 김지회장에 대한 구속영장 청구서에서 구속을 필요로 하는 이유로 "피의자는 노사문제 해결을 위해 존재하는 법체계를 무시한 채 비정규직 해결을 요구하며 불법적인 폭력 집단 투쟁을 계속해왔다"며, "이에 대통령과 정부 및 정치권에서도 민주노총의 불법행위에 대해 앞으로 엄단하도록 검찰에 지시하는 등 노동계의 불법행위에 대해서는 엄단한 처벌을 지시 당부했다"고 적었다. 그리고 민주노총에 대한 정치권의 비판 발언을 분명한 주어도 밝히지 않은 채 "민주노총과 전교조는 더 이상 사회적 약자가 아니라고 생각한다"(임종석 전 대통령 비서실장 발언), "당 최고위원, 중진의원 연석회의에서 민주노총은 대한민국의 법치와 경제를 망치는 암적 존재"(하태경 바른미래당 최고위원 발언), "어떤 집단도 법 위에 군림할 수 없다. 민노총이기 때문에 손을 못 댄다는 것은 있을 수 없는 일. 특정 집단이 삼권을 다 좌지우지하는 일은 있을 수 없다"(김부겸 행정안전부장관 발언)고 열거했다.

이처럼 검경은 민주노총과 노동계의 불법행위에 대해 엄벌을 지시 당부했다는 정부 및 정치권의 말을 인용해 자신들의 구속영장 신청과 청구가 정당한 것인 양 포장했다.

'비정규직 100인 대표단' 노동자들이 서울지방고용노동청과 대검찰청을 찾아 농성을 하고 대통령을 만나자고 시위를 한 이유는, 법원이 현대기아차와 한국지엠의 불법파견에 대해 거듭 인정하는 판결을 내리고, 노동부가 구미 아사히글라스에 대해 불법파견이라고 판정했는데도 불구하고, 검찰과 노동부가 재벌과 외자기업에 대해 십수 년간 제대로 된 행정명령도, 사법 처리도 하지 않은 데 대해 법대로 조치할 것을 촉구하기 위해서였다. 위험 업무를 외주화하고 안전·보호 의무를 위반해 김용균 님의 목숨을 앗아간 공기업의 책임에 대해 진상을 규명하고 책임자를 처벌하라는 것이었다.

피해 당사자들이 2004년 이래 현재까지 현대기아차의 불법파견을 방치하고 있는 검찰과 노동부의 직무 유기를 더 이상 두고 볼 수 없어 찾아간 행위를 검찰과 노동부가 비난할 자격이 있는가. 생명·안전 업무와 상시·지속적 업무를 정규직화 하겠다고 약속한 대통령에게 면담을 요구한 행위가 법 위에 군림하는 행위인가. 정작 처벌받아야 할 자들은 직무 유기의 주범인 검찰과 노동부가 아닌가.

인권 경찰과 검찰로 다시 태어나겠다고 그 총수들이 경쟁적으로 피해자들을 찾아가 눈물로 사과하던 모습은 어디 가고, 검경은 가장 '기울어진 운동장'에 서 있는 비정규 노동자들이 "자신들의 권리 보장을 위해 행동을 하게 된 측면을 외면한 채" 또다시 노동자들에 대한 몽둥이와 칼잡이로 나서겠다는 태도를 밝힌 셈

거리에 핀 정의

이다.

　지난 2016년과 2017년 국정농단에 맞선 촛불항쟁 과정에서 금단의 성역처럼 여겨져온 청와대 앞을 국민의 힘으로 개방함으로써 비로소 민주주의와 자유를 회복하고 그 힘으로 새로운 정부를 세울 수 있었다는 사실을 벌써 잊었는가. 국민이 대통령 집무실 가까운 곳에서 자신의 억울한 처지를 표현했다고 해 인신을 구속하려는 시도는 그 자체로 문명사회에서는 부끄러운 일이다. 그럼에도 정부와 여당이 민주노총을 압박하는 듯한 발언을 쏟아내자 곧바로 이에 편승해 기다렸다는 듯 태도를 돌변하는 검경의 태도는 참으로 우려스럽기 그지없다.

　"민주노총은 대한민국의 법치와 경제를 망치는 암적 존재"라고 법률 문서에 버젓이 기재하는 검경의 공안적 시각은 외형의 포장에도 불구하고 내용적으로 변하지 않았다. 정말 암적인 존재는 노동자와 노동조합을 범죄시하는 검경의 태도다.

〔오마이뉴스 2019.1.〕

탄력근로제 단위 기간 확대,
노동 법률가들이 단식 농성하는 이유

2019년 2월 27일 노동 법률 단체 소속 변호사와 노무사, 법학 교수들이 서울 새문안로 경제사회노동위원회 건물 앞에서 '노동법 개악 저지! 탄력근로제 경사노위 합의 철회! 국제노동기구 핵심협약 비준 촉구!' 기자회견을 가진 후 단식 농성에 들어갔다. 노동 법률가들이 단식 농성에 들어간 직접적인 계기는 2월 20일 탄력근로제 단위 기간을 최장 6개월로 확대한다는 경사노위의 '노사정 합의문' 발표에 따른 것이다.

탄력근로제 확대 합의문이 발표되자 대다수 언론과 정치권은 노동문제에 대한 사회적 대화의 첫 합의 내지 첫 성과물이라며 환영했다. 반면 경사노위 참여를 거부한 민주노총은 노사정의 야합이라고 강도 높게 비판했고, 경사노위에 참여한 한국노총은 "사회적 대화의 길이 열려 있고 참여할 수 있음에도 참여하지 않고 반대만 하는 것은 무책임의 극치"라고 비판했다.

문재인 대통령은 이 합의가 있던 날 청와대 참모들과의 차담회에서 "사회적 합의를 통해서만 해결할 수 있는 과제들이 많은데 이번 합의가 자신감을 줬다"며 "ILO 핵심협약 비준 문제에 대해서도 소중한 성과를 낼 것으로 기대를 걸어도 좋을 것 같다"고 밝혔다. 탄력근로제 확대 합의안에 대해 민주노총을 제외하면 대부분 환영 일색인 듯한데 당사자도 아닌 노동 법률가들이 단식농성에 나선 이유가 뭘까?

이번 합의안 발표는 중대한 절차적 위법성을 내포하고 있다. 정부 정책 거수기 역할을 한다는 비판을 받았던 노사정위원회 대신 출범한 경사노위는 "노사가 중심이 되고 참여 주체를 청년·여성·비정규직 및 중소·중견·소상공인 등으로 확대하며, 의제별·산업(업종)별 및 지역별 대화 체제를 강화하는 새로운 사회적 대화 기구를 출범시키자는 합의"에 따른 것으로 노·사·계층별 대표를 두고 취약한 대표성을 보완한 것이라고 홍보했다.

경제사회노동위원회법에 따르면 경사노위 합의안으로 발표되려면 의제별위원회 논의를 거쳐 본위원회에서 심의·의결해야 한다. 그런데 경사노위 17명의 본위원회 위원 중 과반수인 여성·청년·비정규직 근로자 대표 3인, 중소·중견·소상공인 사용자 대표 3인, 공익위원 4인에게는 의제별위원회(노동시간제도개선위원회)의 탄력근로제 확대 논의 결과에 대한 보고는 물론 협의한 바도 없었다. 한국경총과 대한상공회의소, 정부, 한국노총만이 참여하는 노동시간제도개선위에서 1박 2일간 졸속 협의를 거쳐 마련한 안을 경사노위 합의안으로 둔갑시켜 발표했다. 이는 경사노위법을 정면으로 위배한 것이다. 노동시간 제도에 대한 사회적 대화를 정부와 재계 그리고 하나의 노동조합 중앙 조직인 한국노총 간 협의로 전락시켰다. 결국 경사노위가 보완했다고 자랑한 다양한 취약 계층 주체들과의 사회적 대화는커녕 사전 보고 의무조차 정부 스스로 걷어차버린 것이다. 정부와 재계, 그리고 한국노총 간의 합의를 사회적 대화로 둔갑시키고 이를 관철해왔던 노사정위와 다를 바가 무엇인가.

합의안 내용을 살펴보면 문제는 더욱 심각해진다. 첫째, 탄력근로제 논의 과정에서 단위 기간을 최대 6개월로 확대할 필요성에 대한 소명이 부족해 추가 입증이 필요하다는 점에 재계를 제외한 모두가 동의한 것으로 알려져 있었는바, 무엇을 근거로 전 산업에 대해 단위 기간을 6개월로 확대한 것인지 분명치 않다. 재계의 요구를 일방적으로 수용한 의혹을 갖게 하는 부분이다.

둘째, 3개월 초과 탄력근로제 도입으로 우려되는 노동자 건강권 보장을 위해 근로일 간 11시간 연속 휴식 시간을 의무화하되, 불가피한 경우에는 근로자 대표와의 서면 합의가 있는 경우에는 이에 따른다고 했다. 이 조항은 두 가지 점에서 심각한 문제점을 갖는다. 우선 근로기준법은 최저의 노동조건을 정해 이를 지키게 하려는 강행 법규다. 그런데 근로자 대표와의 합의로 강행 규정 적용을 배제할 수 있도록 한다는 것이다. 법이 제정된 이래 견지해온 근로기준법의 강행 법규성 원칙을 노사 합의로 허물어뜨리는 선례를 남긴다는 점에서 치명적이다. 또한 근로자 대표와의 합의 조항은 민주적인 노조가 교섭 대표 노조로 있을 때나 의미가 있는 것인데, 90퍼센트가량 노동자가 무노조 상태인 현실을 고려할 때 압도적 다수 노동자들에게는 무의미한 조항이다. 사용자의 의도에 따라 11시간 연속 휴식 시간 규정이 무력화될 것임은 분명해 보인다.

셋째, 탄력근로제 단위 기간을 6개월(26주)로 확대할 경우 11시간 연속 휴식 시간을 보장한다고 하더라도 1주 평균해 52시간을 초과하지 않으면 노동을 시킬 수 있으므로 13주는 주 64시간(52+12), 나머지 13주는 주 40시간(52-12) 노동이 가능하게 된다. 고용노동부의 과로사 인정 기준인 '발병 전 12주 동안 업무 시간이 1주 평균 60시간(발병 전 4주 동안 1주 평균 64시간)을 초과하는 경우'와 정면으로 충돌한다. 합의안은 노동시간 단축을 통한 과로사 방지를 불가능하게 만든다. 건강권을 보장한다는 미사여구 뒤에서 과로사를 부추긴다.

넷째, 3개월을 초과하는 탄력근로제의 경우 근로일별 근로시간을 정하는 대신 주별로 근로시간을 정하고 사용자가 예측하지 못한 업무량 급증 등 불가피한 사정이 발생한 경우 정해진 단위 기간 내 1주 평균 근로시간을 유지하면서, 근로자 대표와의 협의를 거쳐 주별 근로시간을 변경할 수 있도록 했다. 결국 사용자가 예측하지 못한 불가피한 사정이란 사용자에게 주관적인 재량을 부여한 것이나 다를 바 없다. 3개월 초과 탄력근로제가 도입되면 일별이 아닌 주별로 근로시간을 정하면 되고 그마저도 근로자 대표와 합의가 아닌 '협의'만 하면 주별 근로시간을 변경할 수 있다. '일과 가정의 균형과 조화'를 강조하며 도입한 주 52시간제 근로기준법 개정 취지는 소멸한다. 근로일 직전에 일별 노동시간을 통보하기만 하면 노동자들의 노동시간은 사용자가 정하는 대로 춤을 추게 된다. 생체리듬은 물론 가족들과 정상적인 생활을 영위하는 것도 사치가 될 수 있다.

다섯째, 탄력근로제 오남용을 방지하기 위해 임금 보전 방안을 마련해 노동부장관에게 신고하게 하고, 미신고시 과태료를 부과하되 근로자 대표와의 서면 합의로 임금 보전 방안을 마련한 경우에는 예외로 한다고 했다. 여기에는 임금 보전 방안과 관련해 구체적인 방법과 기준이 없다. 근로자 대표와 매월 1만 원을 보전한다는 합의안을 만들어 신고하면 아무런 제재도 받지 않게 된다. 있으나 마나 한 규정에 불과하다. 총량으로 예전과 같은 시간을 일하더라도 임금 축소는 불가피해 보인다. 사용자는 간접적으로 임금 감축 이익도 누릴 수 있게 된다.

누구를 위한 합의안인지 이제 정체가 분명해졌다. 노동 개악 시도를 더 이상 사회적 대화라는 이름으로 포장하지 말라.

[매일노동뉴스 2019.3.]

거리에 핀 정의

ILO 기본협약 비준,
'선 입법 후 비준' 논리는 비준 무산시키려는 속셈

2019년은 국제노동기구(ILO)가 창립한 지 100주년이 되는 해다. ILO는 6월 10일 개최하는 총회에 문재인 대통령을 초청했다. 한국 정부는 난감한 처지에 빠졌다. 1991년 ILO에 152번째 회원국으로 가입했으나 ILO 회원국으로서 존중하고 실현해야 할 ILO 핵심협약(기본협약)을 아직도 비준하지 않고 있기 때문이다.

한국 정부가 비준하지 않은 ILO 기본협약 중 결사의 자유 협약이 가장 논란이다. 노사 단체 결사의 자유와 노동자의 단결권 보장을 내용으로 하는 결사의 자유 및 단결권 보호에 관한 협약(87호)과 노동자 단결권과 단체교섭권의 실질적인 보장을 위해 사용자 부당노동행위 금지를 명시한 단결권 및 단체교섭권 원칙 적용에 관한 협약(98호)이다. 회원국 187개국 중 87호 협약 비준국이 155개국이고 98호 협약 비준국이 166개국인 점을 고려할 때 참으로 민망한 상황이 아닐 수 없다.

한국 정부는 ILO에 가입한 이래 여러 번 국제사회에 ILO 결사의 자유 협약 비준을 약속했다. 1996년 경제협력개발기구 가입 당시와 1998년 ILO 고위급 대표단이 방한한 당시 조속한 시일 내에 87호와 98호를 비준하겠다고 했다. 2010년 한·유럽연합 FTA 체결시 결사의 자유를 포함한 노동기본권을 국제 기준에 부합하도록 하고 ILO 기본협약 비준을 위해 노력하겠다고 했다. 문 대통령도 2017년 대선 공약과 국정운영 5개년 계획에서 비준을 약속했다. 2017년 11월 유엔의 3차 국가별 정례 인권검토(UPR) 심의에서 나온 ILO 기본협약 비준 권고에 법무부가 수용 의사를 밝히기도 했다. 하지만 여전히 한국의 기본협약 비준은 안갯속이다.

'ILO 목적에 관한 선언'(1944년)에서 결사의 자유가 ILO가 기초하는 근본 원칙의 하나임을 확인하고, 'ILO 헌장'은 전문에서 결사의 자유 원칙을 노동조건을 개선하고 평화를 확보하기 위한 수단임을 천명했다. '노동조합의 권리 및 시민적 자유와의 관계에 관한 결의'(1970년)에서 결사의 자유 원칙이 시민적 권리임을 명확히 하고, '노동의 권리 및 기본원칙에 관한 선언'(1998년)에서 결사의 자유 및 단결권·단체교섭권 보장, 차별 금지, 강제노동·아동노동 금지 등은 비준 여부와 관계없이 회원국이 준수할 의무를 진다는 점을 확인했다. 결사의 자유 보장을 모든 ILO 회원국의 의무로 확인한 것은 결사의 자유가 갖는 기본적 인권 속성에 따른 것으로 보인다.

이처럼 ILO 기본협약 비준은 국제사회를 향한 약속이자, 국제적으로 인정된 기본적 인권에 대한 이행을 의미한다. 결사의 자유 원칙과 관련된 국제 노동 기준은 노사가 대화나 협상으로 풀 문제가 아니라 국가가 보장해야 할 노동자의 기본적 권리에 관한 사항이다. 이는 87호 협약 11조에서 '이 협약의 적용을 받는 가입국은 노동자·사용자가 단결권을 자유롭게 행사할 수 있도록 보장하기 위해 필요하고 적절한 모든 조치를 취할 것을 약속한다'고 명시함으로써 국가의 보장 의무를 분명히 하고 있다.

그런데 우리 정부와 자본가들은 ILO 기본협약과 관련해 사회적 대화로 풀어야 할 문제이며 국내 노동법을 정비한 후 비준해야 한다며 '선 입법 후 비준' 입장을 취해왔다. 문재인 대통령은 2017년 9월 방한한 ILO 사무총장을 면담한 자리에서 "국제 노동 기준에 맞게 국내 노동법을 정비하는 문제는 다양한 이견이 존재하는 만큼 사회적 대화를 통해 양보와 타협으로 문제를 해결해야 한다"는 견해를 밝힘으로써 이런 입장을 더욱 강화했다. 국제법상으로나 헌법상으로나 기본 인권인 결사의 자유 및 단결권에 관한 국가의 보장 의무를 사회적 대화를 통한 타협과 양보의 문제로 둔갑시켜버린 것이다. 국가(정부)가 주체가 돼 해결해야 할 노동자 단결의 자유와 단결해 교섭하고 행동할 자유인 기본권 문제를 문재인 정부는 "노사 간 문제로 곡해한 후 노사 간 대화로 풀라고 주문하고 자신들은 뒤로 숨었다"(윤효원).

국회 입법조사처는 "ILO 기본협약 등 국제 노동 기준을 비준하지 않거나 준수하지 않은 경우 국제사회나 국제기구로부터 협약 비준 압박을, 국제사회로부터 인권·기본권 보호가 취약한 국가, 이른바 노동문제에 반인권적 국가라는 오명을 받게 된다"고 했다. 비준 거부시 "ILO가 취할 가장 강력한 제재는 회원국 협약 위반을 국제사법재판소에 제소하는 것"이라며 "이 조치에는 무역 제재가 포함될 수 있다고 보는 것이 ILO 입장"이라고 밝혔다. 국제 노동 기준 위반이 경제 제재 문제로 비화할 수 있음을 의미한다.

한국이 ILO 기본협약 비준 약속을 지키지 않자 2018년 12월 17일 유럽연합이 한국 정부의 ILO 기본협약 비준 지연을 한·유럽연합 FTA 노동협약 위반으로 보고 무역 분쟁 해결 절차에 돌입했다. 2011년 7월 발효된 한·유럽연합 FTA 협정문에는 결사의 자유와 단결권, 강제노동 금지, 아동노동 근절, 고용상 차별 금지 등 ILO 기본권 선언 원칙을 국내 법·관행에서 실현하고, ILO 기본협약 비준을 위해 지속적으로 노력하는 내용을 담고 있다. 유럽연합은 2011년 FTA 효력이 발생한 이후 지속적으로 한국에 기본협약 비준을 요구했으나, 한국 정부의 비준 거부가 지속되자 끝내 분쟁 해결 절차에 돌입한 것이다. 2019년 4월 말름스트룀 유럽연합 집행위원회 통상담당 집행위원은 한국을 방문해 조속한 시일에 ILO 기본협약 비준을 위한 가시적 진전이 없을 경우 무역 분쟁 해결 절차 마지막 단계인 전문가 패널 개시가 불가피하다고 경고했다. 전문가 패널이 인정할 경우 세계 최초로 FTA 노동조항 위반 국가로 전락하게 된다. 국제적 망신이 코앞에 다가와 있다.

문재인 정부는 더 이상 국가의 인권 보장 의무를 사회적 대화나 입법 과제로 둔갑시켜서는 안 된다. '선 입법 후 비준' 논리는 국제적인 ILO 기본협약 비준 압력을 회피하고 비준 자체를 무산시키려는 자본가와 관료들의 방해 논리일 뿐이다. "법제가 완벽해지고 모든 이해 당사자가 만족할 때까지 미룬다면 노동권 보호와 지속 가능한 발전을 보장하기 위한 진전은 더욱 지체될 것"이라는 코린 바르가 ILO 국제노동기준국장의 지적에 정부와 대통령은 주목해야 한다. '노동자의 자유, 노동기본권을 협상하는 나라'는 노동을 존중하는 나라가 아니다.

[매일노동뉴스 2019.5.]

노동시간 단축 입법,
누더기로 전락할 위기

2018년 2월 28일 국회를 통과한 주 52시간(연장근로 12시간 포함) 노동시간 상한제가 시행 1년여 만에 뿌리째 흔들리고 있다. 정부와 집권 여당인 더불어민주당이 탄력근로제 확대 입법을 연내 처리하겠다고 합의한 데 이어 '선택적 근로시간제 정산 기간 확대' 혹은 '특별 연장근로 인가 요건 완화' 등을 추진하려는 움직임을 보이고 있기 때문이다.

근로기준법 개정을 통해 주 52시간 상한제를 법제화한 것은 세계 최장 시간 노동 국가라는 오명을 벗기 위해 '연 1800시간대 노동시간 임기 내 실현'이라는 대통령 공약에 따른 것이다. 2017년 경제협력개발기구 회원국 평균 연간 노동시간은 1759시간, 한국 노동시간은 2024시간이다. 한국 노동자가 무려 265시간을 더 일한다. 주 40시간을 기준으로 할 때 한국 노동자는 OECD

평균보다 무려 1.5개월가량을 더 일하는 셈이다. 저녁 있는 삶, 일과 삶의 균형을 위해서는 노동시간의 획기적인 단축이 필요했던 것이다. 더욱이 실노동시간 단축은 생산성 증대를 감안하더라도 인력 증원을 불가피하게 하므로 좋은 일자리를 창출할 매우 유력한 방안이기도 하다.

2017년 11월 정부 스스로 주 52시간으로 단축할 경우 시행 첫해에 1만 8500명, 5년간 14만~15만 명의 고용을 창출할 것으로 예측했다. 그런데 시행 1년여 만에 노동시간 단축 입법 취지를 무로 돌릴 수 있는 정책이 '유연근로제'라는 명목으로 추진되고 있다. 정부와 여당이 탄력근로제 단위 기간 확대 입법은 물론이거니와 불규칙 노동의 위험이 높은 '선택적 근로시간제 정산 기간 확대' 혹은 장시간 노동을 허용하는 '특별 연장근로 인가 요건 완화'를 수용하려 한다.

선택적 근로시간제는 업무 시작과 종료 시각을 특정하지 않고 노동자 재량에 맡기는 대신 일정한 정산 기간에 대해 노동시간을 총량으로 규제하는 제도다. 근로기준법에서는 선택적 근로시간제 정산 기간을 1개월로 한정한다. 1개월 내에서 1일 근로시간이나 일주일의 근로시간에 제한을 두지 않는다. 일주일간 평균해 법정 근로시간인 주 40시간만 초과하지 않으면 연장근로 수당을 지급할 필요도 없고 형사처벌도 받지 않는다. 예를 들면 해당 월의 역일이 30일인 경우 월 총 근로시간이 171.42시간(40시간×

30일/7일)을 초과하지 않으면 1일이나 일주일 근무시간이 고무줄이어도 상관없다.

문제는 선택적 근로시간제 정산 기간을 현행 1개월에서 6개월로 확대하겠다는 것이다. 정산 기간을 6개월로 확대하면 1일, 1주간 근무시간은 혼돈 상태로 빠져들 우려가 있다. 1년의 절반에 해당하는 기간을 할증 수당 없이 생산량에 따라 자유롭게 노동자를 부리는 것이 가능해진다. 노동조합 없는 사업장에서 노동시간에 대한 재량은 사업주에 의해 좌우될 것이 명확하기 때문이다. 바쁠 때는 밤새워 일하고 일이 적을 때는 단시간만 일하게 하면 된다. 6개월간 총 근로시간만 맞추면 연장근로 수당은 발생하지 않고 불규칙 노동을 상시화할 수 있다.

특별 연장근로는 1주 12시간으로 제한된 연장근로를 일정한 요건하에서 더 연장할 수 있는 제도다. 근로기준법에 따르면 상시 근로자 30명 미만 사업장의 경우 사용자는 다른 조건 없이 근로자 대표와 서면으로 합의만 하면 주 12시간 연장근로에 더해 1주간 8시간 내에서 근로시간을 연장할 수 있다(제53조 3항). 또 사업장 규모에 관계없이 사용자는 '특별한 사정'이 있으면 노동부장관의 인가와 근로자의 동의를 받아 주 12시간 연장근로에 더해 제한 없이 근로시간을 연장할 수 있다(제53조 4항).

주 52시간 상한제를 정착시키려면 1주 12시간을 초과하는 연장근로를 매우 엄격히 제한해야 한다. 1주 12시간을 초과하는 특별 연장근로를 하려면 특별한 사정이 있어야 한다. 근로기준법

시행규칙은 '해당 사업 또는 사업장에서 자연 재해와 재난 및 안전관리 기본법(재난안전법)에 따른 재난 또는 이에 준하는 사고가 발생해 이를 수습하기 위한 연장근로를 피할 수 없는 경우'로 한정하고 있다. 근로기준법 시행규칙은 근로기준법 취지에 부합하도록 특별한 사정을 제한적으로 규정한 것으로 볼 수 있다.

그럼에도 정부는 11월 18일 중소기업의 여력 부족과 불투명한 경기 상황을 이유로 "근로기준법 시행규칙을 개정해 가능한 범위 내에서 특별연장 근로 인가 사유를 최대한 확대하겠다"고 밝혔다. 또 2020년 1월부터 50명 이상 300명 미만 사업장에 주 52시간 노동시간 상한제가 시행되는 것과 관련해 "탄력근로제 개선 입법이 되지 않으면 충분한 계도 기간을 부여하겠다"는 입장을 내놓았다. 노동부는 '재난 및 이에 준하는 사고가 발생'한 경우에만 가능한 특별연장 근로 인가를 '일시적인 업무량 급증 등 경영상 사유'에 대해서도 특별 연장근로를 활용하도록 하겠다는 방침이다. '일시적 업무량 급증 등 경영상 사유'는 생산 현장에서 다반사로 발생한다. 사실상 특별 연장근로 제한을 없애는 것이나 마찬가지다.

선택적 근로시간제 확대 혹은 특별 연장근로 요건 완화는 주 52시간 상한제로 노동시간을 단축하려는 근로기준법의 취지를 뒤엎어버리는 노동정책이다. 노동시간 단축 문제는 수많은 노동조건 중에서도 '임금'과 함께 노동자의 일상생활에 밀접한 삶의 질을 좌우하는 중요한 요소다. 정부와 여당이 노동시간 단축 보완책으로 추진하는 유연근로제 정책은 일자리 창출은커녕 워라 밸(일과 삶의 균형)을 부정하고 과로사를 조장하는 정책이 아닐 수 없다.

18세기 자유시장경제론의 원조로 알려진 애덤 스미스는 "일주일에 나흘 일하면 사흘은 쉬어야 한다"고 주장했다. 2018년 2월 6일 독일 최대 노동조합인 IG메탈(금속노조)과 남서부금속고용주연맹은 주당 노동시간을 기존 35시간에서 28시간으로 줄이기로 합의했다. 이에 비해 주 52시간 상한제조차 무로 돌리는 문재인 정부의 노동정책은 얼마나 퇴행적인가. 주 52시간을 연간 노동시간으로 계산하면 2711시간이나 된다. 도대체 우리 기업들은 이 시간 이상으로 얼마나 더 일을 시켜야 만족할 텐가. 일과 삶을 조화시키겠다던 '노동 존중 사회'는 립 서비스였는지 대통령과 집권 여당에 묻고 싶다. 퇴행적 반노동정책을 즉각 중단하라.

〔매일노동뉴스 2019.11.〕

영화계, 주 52시간 준수 움직임에 재를 뿌려서야

2019년 11월 13일 론스타 펀드의 외환은행 먹튀 사건을 다룬 정지영 감독의 영화 '블랙머니'가 개봉돼 현재까지 관객 200만 명을 돌파하며 언론의 주목을 받고 있다. 주연 배우와 실화에 근거한 탄탄한 시나리오가 널리 회자되고 있는 데 비해 영화 제작 과정의 모범적인 노동조건은 잘 알려져 있지 않다. '블랙머니' 제작사 질라라비(대표 양기환)가 '공정노동 준수협약'을 통해 영화계 최초로 보조 출연자를 중간착취하는 관행을 개선한 것이다.

영화 제작 과정에서 보조 출연자는 그간 인력 공급 기획사가 공급했다. 기획사가 제작사와 인력 공급 계약을 맺고 기획사가 보조 출연자의 출연료 중 평균 10퍼센트대, 많게는 30퍼센트대 까지 중간 수수료를 취하는 것이 관행이었다.

2019년 6월 '블랙머니' 제작사 질라라비와 전국보조출연자노조·한국노동복지센터는 영화 제작 과정에서 적용하는 공정노동 준수협약을 체결했다. '노동존중 사회로 가는 사회공익활동 공동 협약서'라는 별칭을 가진 공동 협약에는 공급받은 보조 출연자에게 노동관계법을 준수한다는 내용이 들어 있다. 실제 105명의 보조 출연자가 공동 협약을 적용받고 일했다. 공동 협약에는 "질라라비는 노동관계법을 준수하고 파견 용역 업체를 통한 간접고용으로 중간착취가 일어나지 않도록 관계기관의 허가를 받은 적법한 단체인 노동조합으로부터 직접 인력을 공급받도록 노력한다"는 조항이 포함됐다. 중간 수수료가 없어지고, 제작사가 보조 출연자를 직접 계약하는 효과를 냈다. 공동 협약 당사자들은 이를 '직접고용'이라고 표현했다.

근로기준법은 "누구든지 법률에 따르지 아니하고는 영리로 다른 사람의 취업에 개입하거나 중간인으로서 이익을 취득하지 못한다"(제9조)는 중간착취 배제 규정을 두고 있다. 질라라비는 직업안정법상 근로자 공급 사업(제33조)을 허용하는 노동조합과의 공동 협약을 통해 보조 출연자를 공급받음으로써 중간 수수료 없이 보조 출연자에게 임금 전액을 지급했다.

2019년 5월 30일 개봉해 1천만 관객을 동원한 봉준호 감독의 영화 '기생충'은 칸영화제 황금종려상을 수상했다. 한국 최초 칸영화제 황금종려상 수상이라는 영예 뒤에 숨겨진 더 놀라운 사실은 모든 스태프들과 표준 근로계약서를 작성하고 주 52시간(연장

　　　　　　　　　　　　　　　　　　　　거리에 핀 정의

근로 12시간 포함) 상한제를 준수하며 영화를 제작했다는 사실이었다.

영화 제작업은 2018년 7월 1일 이전까지 '근로시간 및 휴게시간 특례 업종'(무제한 근로가 가능한 업종)으로 분류돼 노동시간 적용 대상에서 제외돼왔다. 영화 스태프들을 '프리랜서'라고 부르며 노동자성을 부정한 결과 영화계에서는 장시간 노동과 최저임금에 미치지 못하는 임금이 관행처럼 여겨졌다. 2015년 발표된 고용노동부 보고서에 따르면 경제협력개발기구 월평균 노동시간(142.16시간)보다 영화계 노동시간이 169.74시간 더 길고, 한국 월평균 노동시간 171시간보다 140.9시간 더 길다. 영화계 종사자 노동시간이 평균 노동시간의 거의 두 배에 달함을 알 수 있다.

11월 26일 서울 광화문에서 열린 정의당의 '주 52시간 상한제 사수를 위한 비상행동' 길거리 버스킹에 초대된 안병호 영화산업노조 위원장은 자신은 촬영(?) 업무에 종사했는데 무려 72시간 동안 촬영장을 떠나지 못한 경험이 있다고 했다. 밤샘 촬영이 너무도 당연한 것처럼 돼 있고, 스태프들이 개인 생활을 생각하는 것은 거의 불가능하며, 밤샘 촬영 후 장비를 운반하던 스태프가 졸음 운전으로 중대 사고를 낸 목격담까지 털어놨다. 주 80시간, 100시간 노동이 다반사라고 했다. 노동부의 과로사 인정 기준인 '발병 전 12주 동안 주 평균 60시간(4주 동안 주 평균 64시간)'을 훨씬 초과한다.

2018년 3월 근로기준법이 개정되면서 26개 업종에 달하던

'근로시간 및 휴게시간 특례 업종'이 5개 업종으로 축소됐다. 그 결과 영화 제작업과 방송업도 특례 업종에서 제외됐다. 영화 제작업이 주 52시간 상한제를 준수해야 하는 업종이 된 것이다. 안 병호 위원장은 영화계 종사자들이 주 52시간 상한제 시행을 앞두고 영화 제작 환경을 개선해나가고 있다고 했다. 영화 노동자들도 이제 자신의 생활을 갖게 됐다며 그날을 손꼽아 기다리고 있다고 했다.

'블랙머니'는 보조 출연자를 중간착취하지 않고도 작품성 있는 영화를 제작할 수 있음을 보여줬다. '기생충'은 법적 노동시간 상한을 준수하면서 세계 최고의 영화를 제작할 수 있음을 보여줬다. 그런데 11월 18일 정부는 2020년 1월 1일부터 주 52시간 상한제가 시행되는 50명 이상 300명 미만 사업장에 최소 6개월 이상 계도 기간을 부여하고, 근로기준법 시행규칙에서 규정하고 있는 특별 연장근로 인가 사유를 최대한 확대하겠다고 발표했다. 일시적인 업무량 급증 같은 경영상 사유를 특별 연장근로 인가 사유에 포함하도록 시행규칙을 개정하겠다는 것이다. '특별 연장근로'란 주 12시간 연장근로 제한을 초과하는 '제한 없는 연장근로'를 의미한다.

영화 제작업이나 방송업에서 일시적인 업무량 급증은 따놓은 당상이다. 영화 제작이나 방송 기획에 따라 업무량이 증가하는 일은 다반사로 일어날 것이다. 영화 노동자들이 품는 저녁 있는 삶에 대한 꿈은 다시 물거품이 될 것인가. 또다시 과로사를 걱정

거리에 핀 정의

해야 하는 과거로 돌아갈 것인가. 주 52시간 상한제 안착을 걱정한다는 정부가 앞장서서 재를 뿌리고 있다.

〔매일노동뉴스 2019.12.〕

마치는 글

'용기란 깨어지고 쓰러져도 다시 딛고 일어서려는 의지다.'

이 문장은 전 남아프리카공화국 대통령 고 넬슨 만델라의 말로 고 김대중 대통령이 지켜온 격언이자 내 금언이기도 하다.

나는 광부의 아들로 태어나 가난했지만 포기하지 않고 공부했고, 청년 시절을 맞아선 민주주의가 짓밟히는 현실에 눈을 떴다. 엄혹했던 군사독재 시절, 이마에 피를 흘리며 개처럼 끌려가면서도 독재 타도를 외치던 대학 1학년 때의 선배는 내게 자유와 민주주의의 소중함을 일깨워주었다. 대학교를 졸업하고 취업한 공장에서 동료들에게 "먼저 떠나지 않겠다"고 한 약속은 두고두고 나를 돌아보게 하는 삶의 좌표가 되었다.

변호사가 된 이후에도 그 약속을 떠올리며 민주노총 법률원장, 민변 노동위원장, 그리고 각종 현안 문제에 대한 대책위원장,

진상조사단장 등 보장된 길 대신 좁고 험한 길을 택해왔다. 불의에 항거하고 권력과 맞서는 길에 필요하다면 나는 회피하지 않고 기꺼이 함께했다. 그곳엔 눈물과 웃음을 지닌 사람들이 있었다. 함께 살자고 외치는 사람들이 있었다. 그리하여 기본적 인권을 옹호하고 사회정의 실현을 사명으로 하는 변호사법 제1조 제1항은 내가 지향하는 명제가 되었다.

나는 노동자였고 변호사였으며 정치적 존재였다.

2014년 11월 13일 쌍용자동차 정리해고 사건에서 노동자들에게 패배를 안긴 대법원 판결은 나를 현실 정치로 이끌었다. 1987년 이후 30년간 계속된 길거리 위에서의 도전과 투쟁은 권력 구조를 바꾸지 않으면 민중의 삶을 바꿀 수 없음을 깨닫게 해주었다.

나는 광야에서 외치던 경험을 안고 정치 속으로 들어가려 한다. 우리의 정치는 언제나 비난의 대상이 되어왔다. 하지만 우리의 삶을 결정하고 제도화한 것 또한 정치였다. 아무리 피하려고 해도 피할 수 없는 운명과도 같은 것이었다. 우리가 피하면 피할수록 정치라는 공간과 시간은 가진 자와 부패한 자들을 위한 곳간으로 자리매김해왔음을 부정할 수 없다.

피할 수 없다면 격탁양청激濁揚淸의 각오로 현실 정치라는 배에 본격적으로 올라타려고 한다. 흙탕물 속에서 연꽃이 피어나듯 노동자, 민중과 함께 손잡고 정치라는 배를 저어갈 것이다.

오십대 중반을 넘어선 내 삶의 형태는 예상할 수 없었던 계기로 달라졌지만, 내 인생의 본질은 달라지지 않았다. 변치 않는 나의 염원은 노동이 당당한 사회를 이 땅에 실현하는 것이다. 가진 것의 크기에 따라 차별받지 않고 존재 자체로 존중받는 사회를 만드는 것이다. 지난날 사법 정의에 대한 미련은 버렸지만 정의를 버린 것은 아니다. 그래도 정의는 살아 있다고 믿기 때문이다. 이제 차별과 불평등에 맞서 싸우는 일이 나의 정치적 과제이자 지향해야 할 정의다.

거리에 핀 정의

1판 1쇄 찍음 2019년 12월 26일
1판 1쇄 펴냄 2020년 1월 2일

지은이 권영국
펴낸이 임후성 펴낸곳 북콤마
디자인 sangsoo 편집 김삼수
등록 제406-2012-000090호
주소 (413-756) 경기도 파주시 문발동 파주출판단지 534-2 201호
전화 031-955-1650 팩스 0505-300-2750
이메일 bookcomma@naver.com 페이스북 facebook.com/bookcomma
블로그 bookcomma.tistory.com 트위터 @bookcomma
ISBN 979-11-87572-20-6   03300

ꞏ BOOKcomma

이 도서의 국립중앙도서관 출판예정도서목록(CIP)은 서지정보유통지원시스템 홈페이지(http://seoji.nl.go.kr)와 국가자료종합목록 구축시스템(http://kolis-net.nl.go.kr)에서 이용하실 수 있습니다. (CIP제어번호 : CIP2019053138)